国家新闻出版广电总局
培育和践行社会主义核心价值观主题出版重点出版物

孔 子

论大君子做人处事

高占祥 主编

周殿富 选注直解

北京时代华文书局

图书在版编目（CIP）数据

孔子论大君子做人处事 / 周殿富选注直解 . -- 北京：北京时代华文书局，2015.11（2022.3 重印）

（中国人格读库 / 高占祥主编）

ISBN 978-7-5699-0645-5

Ⅰ．①孔… Ⅱ．①周… Ⅲ．①儒家②《论语》－研究 Ⅳ．① B222.25

中国版本图书馆 CIP 数据核字（2015）第 258481 号

孔子论大君子做人处事
KONGZI LUN DA JUNZI ZUOREN CHUSHI

主　　编 | 高占祥
选注直解 | 周殿富

出 版 人 | 陈　涛
责任编辑 | 邢　楠
装帧设计 | 程　慧　赵芝英
责任印制 | 訾　敬

出版发行 | 北京时代华文书局 http://www.bjsdsj.com.cn
　　　　　北京市东城区安定门外大街 138 号皇城国际大厦 A 座 8 楼
　　　　　邮编：100011　电话：010 - 64267955　64267677
印　　刷 | 三河市嵩川印刷有限公司　0316 - 3650395
　　　　　（如发现印装质量问题，请与印刷厂联系调换）
开　　本 | 787mm×1092mm　1/16　印　张 | 21　字　数 | 302 千字
版　　次 | 2016 年 1 月第 1 版　　印　次 | 2022 年 3 月第 3 次印刷
书　　号 | ISBN 978-7-5699-0645-5
定　　价 | 58.00 元

社会主义核心价值观与中国人格

周殿富

社会主义制度在中国已经建立了六十余年，而我们党则在本世纪初叶提出了培育弘扬社会主义核心价值观的重大课题，显然是其来有自。

社会主义的道德风尚在新中国蔚然兴起，曾经那样地风靡于二十世纪中叶。邓小平同志曾经在改革开放中讲过，当年"这种风气不仅是中国历史上从来没有过的，而且受到了世界人民的赞誉"。然而可惜的是，这个在社会主义制度建立与实践中，同步兴起的社会主义道德风尚的成长道路，却是一波四折。半个多世纪以来，它先是与共和国一道遭受了十年"文革"的浩劫；接着便是全党工作重心转移到改革开放进程中，欧风美雨"里出外进"的浸洗濡染；再接着是西方"和平演变"在东欧得手的强烈震荡与冲击；最后又是市场经济中那两只"看不见的手"在搅动着、嬗变着人们的价值取向。至少在国民中出现了价值观上的多层次化，传统美德的弱化，社会道德文明水准的退化，光荣革命传统的淡化，这也许正是中央在本世纪初提出社会主义核心价值观的原因吧。

不管怎么"变"，怎么"化"，当我们回首来时路，却不能不说，中华民族真的很强大，很值得骄傲。人类经历了几千年的文明进程，堪称世界文化之源的"五大文明古国"，其他四大古国文明都已被历史淘汰灭亡，只有中国成了唯一的延续存在。近现代即使那般的积贫积弱，被西方列强豆剖瓜分、弱肉强食，想亡我中华都不可能，就连最强大的美帝国主义，最凶残的日本军国主义都成为我们的手下败将，而且打出了一个新中国，且跨过整整一个历史阶段，直接进入了社会主义。西方敌对势力几十年不遗余力地对新中国百般围剿，"冷战""热战""和平演变"手段用尽，连如此强大的前苏联乃至整个苏东阵营都被瓦解了，而社会主义的旗帜仍旧在960万平方公里的土地上高高飘扬，而且昂首挺胸地屹立在世界的东方，中国真的是太强大了。几十年来的瞩目成就，竟然令西方发出了"中国威胁论"。你管他别有用心也好，言过其实也好，总比让别人说我们是"瓷器"，是"东亚病夫"好吧？1840~1949年的一百零九年间，中国尽受别人的欺负、"威胁"了，我们也能让那些昔日列强有点"威胁感"，又有什么不好？更何况这是他们自己说的啊！我们并没吹嘘，也没有去做。几千年来我们侵略过谁呢？"反战""非攻""兼相爱，交相利"，中国古有墨子，近有周恩来、邓小平同志。这也是中华民族固有传统美德的延续吧！

生于忧患，死于安乐，这也当是中华民族的一个传统美德吧？几十年来尽管中国如此繁荣兴旺，但从邓小平生前一直到党的"十八大"以来，无论哪一届中央领导集体，从来都没有忘记过国之忧患。忧在何处，患在何处呢？

二十世纪八十年代末，邓小平同志曾经在半年的时间内四次提到：中国改革开放十年最大的失误在教育，在"对青年的政治思想教育抓得不够""对人民的教育不够"，足见他的痛心疾首。他晚年时又提到了"国格"与"人格"的问题，讲道："谈到人格，但不要忘记还有一个国格。特别是像我们这样第三世界的发展中国家，没有民族自尊心，不珍惜自己民族的独立，国家是立不起来的。"

（精装版《邓小平文选》第3卷331页。）

人们很少注意到邓小平的这一段话，但邓小平恰恰是在这里把"国格""人格"提升到了事关"立国"的高度。

那么，什么是我们社会主义的"国格"呢？邓小平讲得很明白："民族自尊心""民族的独立"。

新中国一路走来，我们最大的尊严便是完全靠"自力"，靠"艰苦奋斗"，而达"更生"之境。对西方敌对势力的"冷战""热战""和平演变"，我们何曾有过屈服？也正是在这一前提下，我们才有真正的"民族独立"。这就是我们的国格。那么什么是我们中国人的人格呢？邓小平同志在这里没有讲，但他在1978年4月22日召开的全国教育工作会议上的讲话中，在讲到我们的教育培养目标时，至少提到与社会主义人格相关的各个方面：革命的理想，共产主义的品德，勤奋学习，严守纪律，艰苦奋斗，努力上进，爱祖国，爱人民，爱劳动，爱科学，爱护公共财产，助人为乐，英勇对敌，集体主义精神，专心致志地为人民工作，等等。这里的哪一条不属于社会主义人格的范畴呢？

2006年党的十六届三中全会，第一次提出了"建设社会主义核心价值体系"的历史性命题和战略任务。2007

年，胡锦涛同志在"6·25"讲话中又具体提出这个"体系"包括四个方面的内容：①马克思主义的指导思想；②中国特色社会主义共同理想；③以爱国主义为核心的民族精神和以改革创新为核心的时代精神；④社会主义荣辱观。这四个方面，一是信仰，二是理想，三是精神，四是道德文明，哪一个不在社会主义人格的范畴之内呢？党的十七届六中全会又提到了社会主义核心价值体系是"兴国之魂"。

2012年11月，在党的"十八大"上又用"三个倡导"把社会主义核心价值观概括为十二项：①倡导富强、民主、文明、和谐；②倡导自由、平等、公正、法制；③倡导爱国、敬业、诚信、友善。而且中办文件又把这"三个倡导"分为三个层面：第一个"倡导"的四项，是国家层面的价值目标；第二个"倡导"的四项，是社会层面的价值取向；第三个"倡导"的四项，是公民个人层面的价值准则。实际上前两个"倡导"的八项都是属于"国格"范畴，而第三个"倡导"是属于"人格"范畴。

那么，我们怎样才能在前面讲到的那些历史嬗变中培育建构起这个"核心价值观"呢？中共中央政治局的第十三次集体学习，似乎很明确地回答了这个问题。

新华社北京2014年2月25日电讯称：中央政治局在2月24日，以弘扬社会主义核心价值观，弘扬中华传统美德为内容，进行了集体学习，习近平总书记在主持学习时强调：

培育和弘扬社会主义核心价值观必须立足中华优秀传统文化。牢固的核心价值观，都有其固有的根本。抛弃传统、丢掉根本，就等于割断了自己的精神命脉。博大精深的中国优秀传统文化是我们在世界文化激荡中落稳脚跟的根基。中华文化源远流长，积淀着中华民族最深层的精神追求，代表着中华民族独特的精神标识，为中华民族生生不息、发展壮大提供了丰厚滋养。中华传统美德是中华文化精髓，蕴含着丰富的思想道德资源。不忘本来才能开辟未来，善于继承才能更好创新。对历史文化特别是先人传承下来的价值理念和道德规范，要坚持古为今用、推陈出新，有鉴别地加以对待，有扬弃地予以继承，努力用中华民族创造的一切精神财富来以文化人，以文育人。

习近平总书记的这段论述相当精辟，对于如何培育建构社会主义核心价值观问题从四个方面剀切明白。

第一，他明确指出要在中华优秀传统文化的基础上，来构造我们的社会主义核心价值观，而不能割断历史。这一条十分重要，否则我们便会失去我们的本来面目，便会成为无源之水，也就无法走向未来。

第二，指出了中华传统美德是中华文化精髓，蕴含着丰富的思想道德资源。这就为我们揭示了社会主义核心价值观，要以弘扬优秀的中华传统美德为基础。

第三，他指出，对传统文化在扬弃中继承，在继承中创新。这就是说，社会主义核心价值观的内涵，既要有优良传统的文化精神，也要有时代精神，是二者的有机结合。

第四，他指出要用中华民族创造的一切精神财富，来化人育人。这就是说，弘扬中华民族文化，并不只是传承儒学那些道统，而是要弘扬全民族共创的优秀传统文化。同时也就是说，培育、弘扬社会主义核心价值观的根本目的是化民、育人。

尤其值得瞩目的是，习近平总书记在这次讲话中提到了一个"中华民族独特的精神标识"问题，而在同年的全国组织部长会议上又提出我们再也不能以GDP论英雄的思想。让人欣慰的是，思想道德文化建设终于被提升到一个民族的标识地位，这至少表明中国人的思想观念，并不落伍于世界潮流。

并不受人欢迎的亨廷顿生前给他的祖国提出的警示忠告，竟是如何弘扬他们没有多少历史和文化的"传统文化"："盎格鲁新教精神——美国梦"，以此为国家的"文化核心"问题。他讲道："在一个世界各国人民都以文化来界定自己的时代，一个没有文化核心而仅仅以政治信条来界定自己的社会，哪有立足之地？"所以，他提醒他无限忠于的祖国，一定要巩固发扬他们自入居北美以来，在新教精神基础上形成的"美国梦"理念的"文化核心"地位，这样才能消解这个国家的民族与文化双重多元化的危机。为此，他甚至预言美国弄不好会在本世纪中叶发生分裂。而且他公开预言不列颠大英帝国也会因民族与文化多元化的问题，导致在本世纪上半期发生分裂。

西方的一些专家学者们也十分强调国家民族文化的地位问题，柏克说："全世界的人根据文化上的界限来区分自己。"丹尼尔同样说："保守地说，真理的中心在于，对一个社会的成功起决定作用的是文化，而不是政治。开明地说，真理的中心在于，政治可以改变文化，使文化免于沉沦。"这些语言也可能有它们的局限性与某种非唯物性，但至少可以让我们看到那些发达的资本主义国家在想什么，至少与马克思主义经典作家们，关于意识形态并不总是消极被动地接受它的经济基础的论断并不相悖。

中国显然具有世界上最悠久的民族文化，同时显然也拥有世界上最强大的政治优势。新中国包括它直接进入社会主义的经济形态，以及其后的一次次经济变革，哪一次不是靠政治力量在强力推动呢？它当然同样拥有让我们几千年的民族文化"免于沉沦"的能力。有学人认为我们的民族文化早就被以往一次次的历史性灾难割裂了，这个看法显然都是毫无道理的。但我们当下却确实面临着"两个传统"失传失统的危险。中国的传统文化与优秀的民族美德，在当代国民中还有多少传承？老一代中国共产党人用生命与鲜血铸就的光荣革命传统，在党内还有多少"光大"？我们现在全民族的"核心文化"到底在何处？"社会主义核心价值观"的提出不仅符合世界潮流，也是使我们优秀的民族文化得以传承而不发生历史断裂的根本保证。富和强永远都不是一个民族的标志，哪个国家不可以富，不可以强？但能代表中国"这一个"本来面目，具有自己民族特色的，唯有中华民族的文化，能代表中国人形象的只有中国独具的道德人格。什么是人格？人格就是原始戏剧中不同角色的本来面目。

综上所述，我们是不是可以这样认为，社会主义核心价值观应内含如下的成分：中华民族传统文化中的优秀传统美德；中国人民近现代反帝反侵略反封建的爱国主义、斗争精神与中国共产党领导下形成的几十年光荣革命传统；中国化了的马克思主义有中国特色社会主义的共同理想；与"中国梦"远大目标相适应的时代精神。由这些内涵构成的社会主义核心价值观，用它来干什么呢？用习近平总书记的话来说就是"化人""育人"，把它再具体化一下，无非是打造能体现中华民族特色，代表中国形象的国格、人格。在思想道德层面上，一个国家的民族精神也只有在人的身上才能体现，所以我们依据社会主义核心价值观的基本要求，针对当代青少年的实际情况，策划了《中国人格读库》这样一套大型系列选题。

本套书承蒙全国少工委、中华文化促进会、团中央中国青年网三家共同主办推广，并积极提供书稿。难得高占祥老前辈热情出任该套书的编委主任，且高占祥同志不辞屈就加盟主创作者队伍。一些大学、中学教师与青年作者也积极加盟此套书的编写。该选题被国家新闻广电出版总局列为2014年全国社会主义核心价值观重点选题，在此一并鸣谢。

希望本套书的出版能为社会主义核心价值观的培育与弘扬，为促进青少年的道德人格养成起到积极的作用。欢迎广大读者与作家对不足之处批评教正，多提宝贵建议与指导意见。

谨以此代出版前言并序。

二〇一四年十月

于北京时代华文书局

序

宋相赵普说"半部《论语》治天下",仿佛让人觉得有点夸张,但中国自古就有"一言兴邦"之说,何况半部呢?问题的关键是说易行难。其实,《论语》本质上就是一本"治书"。二十篇基本上讲述了两个主题:怎样做人、怎样做官,且二者都是为"治国平天下"服务的。前者讲述的是"君子之道",后者讲述的则是治国之道。"君子之道"多是修身立德,仁义礼智信,温良恭俭让,孝悌爱人;以其为做人准则,学而时习之,朝闻道夕死可矣。"治国之道"多是二帝三王的德政仁风、正己正人、公正无私。而又分君道、臣道,二者则一于王道。而古之君子大体是指士大夫阶层,是与下层的小人(物)百姓与不道德的小人相对而言的。所以它既可以称之为一本"君子人格之论",也可以称为"治术官德之语",虽然君子之德与官德很难分得开,但二者还是有区别的。因而《中国人格读库》丛书,将张居正直解的《论语》一书,分选出了《孔子论大君子做人处世》《张居正解说士君子官德修治》两册辑入。

本书以明万历年间张居正的《直解论语》为底本，重新编选校点，肯定与其他注释标点本有所不同，而张居正的分节也与传统版本不同，特此说明。编者文责自负。在编选过程中，尽量考虑到两个本子的主题需要来分编。如有舛错讹误不妥之处，敬请读者、方家教正，不胜感谢。

编者

2014年9月于北京

目录

一、君子风范：学问、友爱、无怨

子曰：学而时习之，不亦说乎？有朋自远方来，不亦乐乎？人不知而不愠，不亦君子乎！

——《论语·学而第一》

【张居正直解】

［学］是仿效。凡致知力行，皆仿效圣贤之所为，以明善而复其初也。［习］是温习。［说］是喜悦。

孔子说道："人之为学，常苦其难而不悦者，以其学之不熟，而未见意趣也。若既学矣，又能时时温习而不间断其功，则所学者熟，义理浃洽，中心喜好，而其进自不能已矣，所以说不亦说乎！"

［朋］是朋友。［乐］是欢乐。夫学既有得，人自信从，将见那同类的朋友皆自远方而来，以求吾之教诲。夫然则吾德不孤，斯道有传，得英才而教育之，自然情意宣畅可乐，莫大

乎此也。所以说不亦乐乎！

　　〔愠〕是含怒的意思；〔君子〕是成德的人。夫以善及人，固为可乐，苟以人或不见知，而遂有不乐焉，则犹有近名之累，其德未完，未足以为君子也。是以虽名誉不著而人不知我，亦惟处之泰然，略无一毫含怒之意。如此则其心纯平为己，而不求人知，其学诚在于内，而不愿乎外，识趣广大，志向高明，盖粹然成德之人也。所以说不亦君子乎！夫学，由说以进于乐，而至于能为君子，则希贤希圣，学之能事毕矣！

【编者按】

　　开篇而言喜、乐、无怨三情致，岂只为学当如此？人生百事都当以愉悦的心情而待之、处之、为之，自是另一番境界，而何苦之有？一有功利之心，目的性太强，一切便成为负担，便苦不堪言、忧心忡忡、患得患失，必无所成。而孔子所言之学问与道德成就、以友待人、不为名累而怒于人，堪称君子风范，所以孔子言"不亦君子乎？"在那个时代，"有朋自远方来"，足见君子学问、人格的感召力与影响力。

二、君子务本，本立道生

有子曰："其为人也孝弟，而好犯上者，鲜矣；不好犯上，而好作乱者，未之有也。君子务本，本立而道生。孝弟也者，其为仁之本与！"

——《论语·学而第一》

【张居正直解】

　　[有子]是孔子弟子，姓有，名若。善事父母，叫作[孝]；善事兄长，叫作[弟]；[犯]是干犯；[鲜]是少；[作乱]是悖逆争斗的事。

　　有子说："天下的人莫不有父母兄长，则莫不有孝弟的良心。人惟不能孝弟，则其心不和不顺，小而犯上，大而作乱，无所不至矣。若使他平昔为人，于父母则能孝，尽得为子的道理，于兄长则能弟，尽得卑幼的道理，则心里常是和顺，而所为自然循礼，若说他敢去干犯那在上的人，这样事断然少矣。"夫犯上，是不顺之小者，且不肯为，却乃好为悖逆争斗大不顺的事，天下岂有是理哉！夫人能孝弟而自不为非如此，可以见孝弟之当务矣。

［务］是专力；［本］是根本；［为仁］是行仁。有子又说："天下之事，有本有末，若徒务其末，则博而寡要，劳而无功。所以君子凡事只在根本，切要处专用其力。根本既立，则事事物物处之各当，道理自然发生，譬如树木一般。"根本牢固，则枝叶未有不茂盛者。本之当务如此。则吾所谓孝弟也者，乃是行仁之本与。盖仁具于心，只是恻怛慈爱的道理，

施之爱亲敬长，固是此心，推之仁民爱物，亦是此心，人能孝弟，则亲吾之亲，可以及人之亲，长吾之长，可以及人之长，至于抚安万民，养育万物，都从此充拓出来，而仁不可胜用矣！然则行仁之本，岂有外于孝弟乎！学者务此，则仁道自此而生矣！《孝经》孔子说："爱敬尽于事亲，而德教加于百姓，刑于四海，此天子之孝也。"有若之言，其有得于孔子之训与？

【编者按】

孝者不犯上，不犯上者自不作乱，这是古人以孝治天下的根本目的。所以孔子以孝顺父母，亲和兄弟为做人的根本。抛开政治而言，只论人性，大抵是对自己父母兄弟这等至亲之人都不友好的人，你还能想望他对别人会有真心实意吗？不孝敬父母的人，是天底下最大的自私。孝是一种心，心不好的人还会好吗？

三、花言巧语满脸装笑的少有好人

子曰："巧言令色，鲜矣仁！"

——《论语·学而第一》

【张居正直解】

〔巧〕是好；〔令〕是善；〔鲜〕字，解作"少"字；〔仁〕是心之德。

孔子说："辞气容色，皆心之符，最可以观人。那有德的人，辞色自无不正。若乃善为甘美之辞，迁就是非，便佞阿谀，而使听之者喜，这便是巧言。务为卑谄之色，柔顺侧媚，迎合人意，而使见之者悦，这便是令色。这等的人，其仁必然少矣。"盖仁乃本心之德，心存，则仁孝也。今徒致饰于外，务以悦人，则心驰于外，而天理之斫丧者多矣，岂不鲜仁矣乎！然孔子所谓鲜仁，特言其丧德于己耳。若究其害，则又足以丧人之德。盖人之常情，莫不喜于顺己，彼巧言令色之人，最能逢迎取悦，阿徇取容，人之听其言，见其貌者，未有不喜而近之者也。既喜之而不觉其奸，由是变乱是非，中伤善类，以至覆人之邦家者，往往有之矣！夫以尧舜至圣，尚畏夫巧言令色之孔壬。况其他乎！用人者不可不察也。

【编者按】

虽然如此，但还是得学会说话，学会尊重人。花言巧语、皮笑肉不笑，自然面目可憎；但一开口便弥散着熏人之气、枪药味儿，成天是判官、债主脸色，木乃伊一般，也不见得就好，谁会喜欢呢？能带给人以快乐，自己也快乐，不更好吗？

四、吾日三省吾身：谋忠、交信、传习

　　曾子曰："吾日三省吾身：为人谋而不忠乎？与朋友交而不信乎？传不习乎？"

——《论语·学而第一》

【张居正直解】

　　［曾子］是孔子弟子，名参；［省］是省察；［忠］是尽心的意思；［信］是诚实；［传］是传授；［习］是习熟。

　　曾子说："我于一日之间，常以三件事省察己身。三者维何？凡人自己谋事，未有不尽其心者，至于为他人谋，便苟且粗略，而不肯尽心，是不忠也。我尝自省，为人谋事，或亦有不尽其心者乎？交友之道，贵于信，若徒面交，而不以实心相与，是不信也。我尝自省，与朋友交，或亦有虚情假意，而不信于人者乎？受业于师，便当习熟于己，若徒面听，而不肯着实学习，是负师之教也。我尝自省，受之于师者，或亦有因循怠惰，而不加学习者乎？以此三者，自省察其身，有则改之，无则加勉，盖未尝敢以一日而少懈也。"

盖曾子之学，随事精察而力行之，故其用功之密如此。然古之帝王。若尧之兢兢，舜之业业，成汤之日新又新，检身不及，亦此心也，此学也。故《大学》曰："自天子以至于庶人，一是皆以修身为本。"从事于圣学者，可不知所务哉！

【编者按】

今人若此吾日一省自身，便足已。科学研究成果表明：自我反省精神与自治、自制能力，是人与禽兽的主要区别之一。如此说来，没有自省、自制能力的人，是否与禽兽无异呢？

五、君子当重"六事""六艺"

子曰："弟子入则孝，出则弟，谨而信，泛爱众，而亲仁。行有余力，则以学文。"

——《论语·学而第一》

【张居正直解】

［弟子］是指凡为弟为子的说；［谨］是行的有常；［信］是言的有实；［泛］字解作"广"字；［众］是众人；［亲］是亲近；［仁］是仁厚有德的人；［余力］是余剩的工夫；［文］是《诗》《书》六艺之文。

孔子教人说："但凡为人弟为人子的，入在家庭之内，要善事父母以尽其孝，出在宗族乡党之间，要善事兄长以尽其弟。凡行一件事，必慎始慎终，而行之有常。凡说一句话，必由中达外，而发之信实。于那寻常的众人都一体爱之，不要有憎嫌忌刻之心。于那有德的仁人却更加亲厚，务资其熏陶切磋之益。这六件，是身心切要的工夫。学者须要着实用力，而不可少有一时之懈。若六事之外，尚有余力，则学夫《诗》、《书》六艺之文。"

盖《诗》《书》所载，皆圣贤教人为人之道，而礼、乐、射、御、书、数亦日用之不可缺者。未有余力，固不暇为此，既有余工，则又不可不博求广览，以为修德之助也。先德行而后文艺，弟子之职，当如此矣。然孔子此言，虽泛为弟子者说，要之上下皆通。古之帝王，自为世子时，而问安视膳，入学让齿，以至前后左右，莫非正人，礼乐诗书，皆有正业，亦不过孝弟、谨信、爱众、亲仁与夫学文之事也。至其习与性成，而元良之德具，万邦之贞由此出矣。孔子之言，岂非万世之明训哉！

【编者按】

有意思的是孔子把"学文"当成了"六事"之外的最后一项，而且是"有余力"方可学之。有道是"世事洞明皆学问"，学问原本在世事之中。前"六事"讲个人修德为先；"学文"是指诗书六艺，当学其理以辅德。

六、人伦世事无非一个"诚"字

子夏曰："贤贤易色，事父母能竭其力，事君能致其身，与朋友交，言而有信。虽曰未学，吾必谓之学也。"

——《论语·学而第一》

【张居正直解】

〔子夏〕是孔子弟子，姓卜名商，字子夏；上一个〔贤〕字解作"好"字，下一个〔贤〕字，是有德的贤人；〔易〕是移易；〔竭〕是尽；〔致其身〕是委弃其身，不肯爱惜的意思。

子夏说："人之为学，只在纲常伦理上见得明白，才是根本切要的工夫。如人之见贤，谁不知好，但不能着实去好他，若使贤人之贤，而能移易其好色之心，大贤则事之为师，次贤则亲之为友，真知笃信，就如好好色的一般，则好善极其诚矣。人于父母，谁无孝心，但未能着实去尽孝，若使委曲承顺，尽那为子的道理，凡力量到得的去处，都竭尽而无遗，则事亲极其诚矣。事君不可以不忠，但人都自爱其身，则其忠必不尽。若能实心任事，把自家的身子，委弃于君，虽烦剧也不辞，虽患难也不避，一心只是要忠君报国，而不肯求便其身图，则事君极其诚矣。交友不可以不信，但轻诺者多，全信者少，若能诚心相与，但与朋友说的都是着实的言语，内不欺己，外不欺人，虽久远而不至于失信，则交友极其诚矣。这四件都是人伦之大者，而行之皆尽其诚，这就是见道分明，践履笃实的去处，学问之道不过如此。人虽说他未曾为学，我必谓之已学矣。若使未尝学问，而但出于资性之聪明，则不过一事之偶合，一时之袭取而已，岂能事事尽美，而厚于人伦如是乎。此可见古人之为学，皆用力于根本切要之地，而不专在于言语文字之末也。"

【编者按】

孔子难能可贵的是不以文章取人的教育思想。孔子在这里讲了待贤、孝亲、事君、交友的道理，都贵在一个"诚"字。这里的诚字不仅是忠诚、诚实，而是讲要尽到心，做到极致。这四件事做好了，没读过书的。也是有大学问了。人与人的成就不同，不在你做了什么，而在于你做到了什么程度。这是问题的根本，而常被人所忽略。

七、君子学养：厚重、忠信、胜友、改过

子曰："君子不重则不威，学则不固。主忠信，无友不如己者，过则勿惮改。"

——《论语·学而第一》

【张居正直解】

〔重〕是厚重；〔威〕是威严；〔固〕是坚固；〔忠信〕是诚实；〔无〕字、〔勿〕字都是禁止之辞；〔惮〕是畏难的意思。

孔子说："君子为学必养成个深厚凝重的气质，然后外貌威严，而所学的道理自然坚固。若是轻浮浅露，不能厚重，则见于外者，无威之可畏，而其所学者亦不能实有诸己，虽得之，必失之矣，岂能以坚固乎！然立身固要厚重，而存心又在忠信。人不忠信，则事皆无实，何以为学。故又当以诚实不欺为主，而无有一毫之虚伪，然后可以进德也。所交的朋友必胜

过我的人，方为有益。若是不如我的，或便佞善柔之类，这样的人，不但无益而且有损，切不可与之为友也。人不能无过，而贵于能改。过而惮改，则过将日甚矣。所以但遇有过，或闻人谏正，或自家知觉，便当急急改之，不可畏其难改，而苟且以自安也。以厚重为质，以忠信为主，又辅之以胜己之人，行之以改过之勇，则内外人己，交养互发，而自修之功全矣。学者可不勉哉！"

【编者按】

"守什么人，学什么人；守着巫婆跳假神。"猴子都有这种模仿力，何况人？是以有孟母三迁与后世的百金买屋、千金买邻的故事流传。孔子此段讲为学修身四事：为人厚重、存心忠信、不友庸人、不惮改过。

八、君子处贫不谄而乐，处富不溺而好礼

子贡曰："贫而无谄，富而无骄，何如？"子曰："可也。未若贫而乐，富而好礼者也。"

——《论语·学而第一》

【张居正直解】

〔谄〕是卑屈；〔骄〕是矜肆；〔可〕是仅可而有所未尽之辞；〔乐〕是安乐；〔好礼〕是喜好礼节，自然循理的意思。

子贡问于孔子说："凡人贫者，易至于卑谄，富者易至于矜骄，此人情之常也。若能处贫而无卑屈之意，处富而无矜肆之心，这等的人其所得为何如？"孔子答说："常人溺于贫富之中，多不能有以自守，故必有谄骄之病。今曰无谄无骄，则能自守，而于学亦有得矣，是亦可也。然而非其至者。盖贫而无谄，虽不为贫所困，然犹知有贫也，不如那贫而乐的人，心广体胖，欣然自忘其贫，是身虽处乎贫之中，而心已超于贫

之外也。此岂无谄者之可及乎！富而无骄，虽不为富所溺，然犹知有富也。不如那富而好礼的人，乐善循理，初不自知其富，是身虽处乎富之中，而心已超乎富之外也。此岂无骄者之可及乎？"夫子答子贡之问如此，善许其所已能，而勉其所未至也。

【编者按】

子贡所言：人穷志不短，不巴结他人，不自卑贱；人富而不骄不肆，便自是好人了。孔子所言处贫而乐，处富而有礼，自非常之人所能及。居贫而忧、为富不仁乃是常事。

九、人之患，在己不知人

子曰："不患人之不己知，患不知人也。"

——《论语·学而第一》

【张居正直解】

［患］是忧患。

孔子说："君子之学，专务为己，而不求人知。"如上不见知于君，而爵位不显；下不见知于友，而名誉不彰。此务外好名者之所忧患也。君子则以为学问在己，知与不知在人，何患之有。惟是我不知人，则贤否混淆，是非颠倒。在上而用人，则不能辨其孰为可进，孰为可退。在下而交友，则不能辨其孰为有损，孰为有益。这是理有不明，心有所蔽，岂非人之所当深患者乎。然人才固未易知，知人最为难事，必居敬穷理，使此心至公至明，然后如镜之照物，好丑毕呈，如称之称物，低昂自定，欲知人者，尤当以清心为本也。

他人不了解自己，虽不堪忧，但也不见得是一件好事。人没有必要去张扬自己，但总得不埋没自己。虽然包在石头里的美玉是美玉，埋在十八层沙子里的黄金也是金子，但那么被封闭着、压抑着，多难受啊？人不是物。孔子是大圣人，可是没人用他，叛臣要用他，他都想去。子路反对他，他都说：我不是只被挂在那里而不被用的悬瓜啊？人生一世，总当为人所知，那才是一种存在；总当为社会所用，那才是一种价值。

当然，不为人知，不为任用，也不全是坏事，没被开采的金玉，虽是璞玉、浑金，但既不失价值又不失自全其身。在此相比，了解他人似乎更重要。你不了解狗，就会挨咬；你不了解猴子，就会挨抓；你了解了牛马，就有了帮手；你了解了驴，就给它戴上"蒙眼"，既不挨踢，也不费力，便为你拉磨。而当官的若不了解人就很可怕了，让贪婪的人去管钱财，授以大权；让老好人去搞纪检监察；把野心家当成自己的助手，让有名无实的人去搞科研教育，那就是一塌糊涂。成也萧何，败也萧何，政治好坏都在领导干部这一层。用好人就有好事，用什么人就出什么事，为官当慎，千慎万慎，都在用人这一慎，而知人乃是用人的第一前提。

十、事亲之理在去父母所忧

孟武伯问孝。子曰："父母唯其疾之忧。"

——《论语·为政第二》

【张居正直解】

　　[孟武伯]是孟懿子之子，名彘。问于孔子说："人子事亲，如何才是孝。"孔子说："欲知人子事亲之理，当观父母爱子之心。凡人父母，未有不爱其子者，惟爱之也切，故忧之也深。常恐其有疾病，或起居之不时，或饮食之不节，或风寒暑湿之见侵，与夫少之未戒于色，壮之未戒于斗之类。凡足以致疾者，皆切切然以为忧。若为子者能体父母之心，慎起居，节饮食，戒色戒斗，兢兢焉不至于疾，以贻父母之忧，则自然身体康宁，而有以慰亲之心矣。岂不可谓之孝乎！"

　　孔子之意，盖以武伯生于富贵之家，长于逸乐之地，易以致疾而忧其亲，故因问而警之如此。至若天子以一身而为天地神人之主，其所以培养寿命，而昌延国祚者，又当万倍于此矣。孔子之言，岂特为孟武伯告哉！

【编者按】

古人言老年丧子为人生三大不幸之一；又言最悲而哀之事莫过于白发人送黑发人。孔子言去父母之忧为孝，而父母所忧莫过于子女的身心健康。是以为人子者必以一切无损于身心为要，以此而安父母之心。切不可肆意妄为、我行我素。

十一、人子事亲，能敬能养为孝

子游问孝。子曰："今之孝者，是谓能养。至于犬马，皆能有养；不敬，何以别乎？"

——《论语·为政第二》

【张居正直解】

［子游］是孔子弟子，姓言名偃；［养］是饮食供奉；［别］是分别。

子游问于孔子说："人子事亲，如何叫作孝？"孔子答说："子之事亲，固要饮食供奉，以养其口体。然必内有尊敬的诚心，外有恭敬的礼节，然后可以言孝。如今世俗之所谓孝者，只是说能以饮食供奉父母便了，殊不知饮食供奉，岂但父母为然，虽至于犬马之贱，一般与他饮食，都能有以养之。若事亲者，不能尽尊敬奉承的道理，而徒以饮食供奉为事，则与那养犬马的何所分别乎？"

然则世俗之所谓孝者，不足以为孝也。夫子游圣门高第，何至以犬马待其亲，而孔子犹告戒之如此者，盖凡父母之于子，怜悯姑息之情常胜，故子之于父母狎恩恃爱之意常多，其始虽无轻慢之心，其后渐成骄傲之习，遂至于无所忌惮，不顾父母者有之。孔子之言，所以深究人情之偏，而预防其渐也。若推其极，则必如帝舜之以天下养而夔夔斋栗，文王之问安视膳，而翼翼小心，然后谓之能养能敬，而为天下之大孝也欤！

【编者按】

　　能赡养父母者便为今日之孝子，有几人以敬为孝？

十二、对父母和颜悦色，为孝之难者

子夏问孝。子曰："色难。有事弟子服其劳，有酒食先生馔，曾是以为孝乎？"

——《论语·为政第二》

【张居正直解】

［色］是容；［先生］是父兄之称。

子夏问于孔子说："人子事亲，如何才叫作孝。"孔子答说："事亲之际，惟是有那愉悦和婉的容色，最为难能。盖人之色，生于心者也。子于父母，必有深爱笃孝之心根于中。而后有愉悦和婉之色著于外。是凡事皆可以勉强，而色不可以伪为，所以为最难，事亲有此而后可谓之真孝也。若夫父兄有事，为子弟的替他代劳，子弟有酒饭，将来与父兄饮馔，此则力之所可勉，而事之无难为者，曾是而可以为孝乎！"前章子游问孝，夫子教以敬亲。此章子夏问孝，夫子教以爱亲。盖子游、子夏都是圣门高第，其于服劳供奉之礼，不患其不尽，但恐其敬爱之心未能真切恳至耳，故皆言此以警之。使知事亲之道不在于文，而在于实，不当求之于外，而当求之于心也。凡为人子者，宜深思焉。

【编者按】

人性两千年并无多大改变。孔子所言与今日之人没什么不同。有几家儿女不与父母生怨、赌气、耍脸子的呢？

十三、君子不拘一能一用

子曰："君子不器。"

——《论语·为政第二》

【张居正直解】

〔器〕是器皿。

孔子说："人有一材一艺的，非无可用，然或宜于小，不宜于大。能于此，不能于彼。譬如器皿一般，虽各有用处，终是不能相通，非全才也。惟是君子的人，识见高明，涵养深邃，其体既无所不具，故其用自无所不周。大之可以任经纶匡济之业，小之可以理钱谷甲兵之事，守常达变，无往不宜，岂若器之各适于用，而不能相通者哉！所以说君子不器。"

夫此不器之君子，是乃天下之全才。人君得之固当大任，至于一材一艺者，亦必因人而器使之，不可过于求备也。

【编者按】

君子不器，是指人不能像一种专用的器物一样，只有一种用途。

十四、君子贵在说到做到践行其言

子贡问君子。子曰："先行其言，而后从之。"

——《论语·为政第二》

【张居正直解】

子贡问于孔子说："君子是成德之人。学者如何用功才到得这个地位。"孔子答说："凡人言常有余，行常不足。若未行先言，则言行不相照顾，如何成得君子。惟君子的人，凡事务躬行实践。如子臣弟友之道，仁义礼智之德。凡是口所欲言的，一一先见之于行，无一毫亏欠，然后举其所行者，从而言之，议论所发，件件都实有诸己，而不为空言也。是行常在于言前，言常在于行后，岂不为笃实之君子乎？"

孔子因子贡多言，故警之以此，其实躬行君子常少，言不顾行者常多。学者之省身固当敏于行而慎于言，人君之用人，亦当听其言而观其行也。

【编者按】

人只有先做得好，才受人信任，才有话语权，才有地位。只靠讲空话、大话、漂亮话、唱高调而取信于人的，终将失信失宠。

十五、君子小人之别只在“周比”之间

子曰：“君子周而不比，小人比而不周。”

——《论语·为政第二》

【张居正直解】

〔周〕是普遍；〔比〕是偏党。

孔子说：“君子、小人，固皆有所亲厚，但其立心不同，故其所亲厚亦异。盖君子之心公，惟其公也，故能视天下犹一家，视众人犹一身，理所当爱的，皆有以爱之，而不必其附于己；恩所当施的，即有以施之，而不待其求于己；是其与人亲厚周遍广阔，而不为偏党之私，此所以为君子也。至于小人则不然，盖小人之心私，惟其私也，故惟有势者则附之，有利者则趋之，或喜其意见之偶同，而任情以为好，或乐其同恶之相济而交结以为援，是其与人亲厚偏党私暗而无有乎普遍之公，此所以为小人也。”

夫周与比其迹相似，而其实不同，只在此心公私之间而已，欲辨君子、小人者，可不慎察于此哉！

【编者按】

正人君子敬人爱人而不结党营私；心术不正的小人待人总有明确的目的性，结交人只是为了朋比为奸，所以，相随相从的注定是狐群狗党。人以群分、物以类聚。俊鸟从凤而蛇鼠一窝、狼狈为奸，一点不错。

十六、人无信不诚寸步难行

子曰："人而无信，不知其可也。大车无輗，小车无軏，其何以行之哉？"

——《论语·为政第二》

【张居正直解】

〔信〕是诚实；〔大车〕是平地任载的车；〔輗〕是辕前的横木，缚轭以驾牛者；〔小车〕是田车、兵车、乘车；〔軏〕是辕上的曲木，钩衡以驾马者。

孔子说："立心诚实，乃万事的根本，人若无了信实，便事事都是虚妄，吾不知其如何而可也。何也？人必有信而后可行，譬如车必有輗軏，而后可行也。若大车无輗，则无以驾牛。小车无軏，则无以驾马。轮辕虽具，一步也运动不得，其何以行之哉？若存心不诚，言语无实，则人皆贱恶之。在家则不可行于家，在国则不可行于国，盖无所往而不见阻矣。与车无輗軏者，何以异哉！"孔子此言，只是要人言行相顾，事事着实，不可少有虚妄的意思。然信之一字，尤为人君之大宝，是以为治者，必使政教号令之出，皆信如四时，无或朝更而夕改，然后民信从，而天下治也。孔子之言，岂非万世之明训哉！

【编者按】

当今之世，人心不古，首缺一信字。别人的随口许诺、奉承，你千万别当真；你对别人的好评一定要认真，承诺、许愿一定要兑现，否则别说，当官的一定。

十七、不当敬而敬是谄利，
当为而不为是怯懦

子曰："非其鬼而祭之，谄也。见义不为，无勇也。"

——《论语·为政第二》

【张居正直解】

〔非其鬼〕是所不当祭的鬼神；〔谄〕是求媚的意思；〔义〕是事之宜，凡道理上所当行的便是；〔勇〕是勇敢。

孔子说："人之祭享鬼神，各有其分。如天子祭天地，诸侯祭山川，大夫祭五祀，庶人祭其先，是乃当然之分，祭之可也。若是不当祭的鬼神也去祭他，这便是谄媚鬼神以求福利，不是孝享的正礼，所以谓之谄也。人于道理上当为的事，便着实做将去，这才是有勇。若真见得这事是道理所当为的，却乃因循退缩，不能毅然为之，这是萎靡不振，无勇往直前之气，怯懦甚矣，所以谓之无勇也。"夫此二者，一则不当为而为，一则当为而不为。孔子并举而言之者，盖欲人不惑于鬼神之难知，而专用力于人道之所宜也。

【编者按】

不该你去礼敬的而去礼敬，就是溜须拍马、巴结谄媚，且不止于此。有道是请神容易送神难。但神是食人间烟火的，很少有神去怪罪祭献香火的人。世上不知有多少人占了此种便宜，所以才有滥祭的存在。所以热衷礼敬于神的，一是有所希求，二是有所畏惧。为官之人还是走正道的为好。那些靠"神"来庇佑的官，终无好名声、好结果，何苦？但敬主神就比敬次神好使，敬一神往往比敬百神管用，这也正是世上代有小人得志之所由。都说"神明"，而今之神则多有所不明。敬与不敬，敬谁不敬谁，自是大道小路两由之，做人、为官当慎择。

孔子说见义不为是懦夫，今人则是见利不为是懦夫，一利在前，万夫夺关。虽然求仁可得仁，求利未必得利，但人为财死而在所不惜的事屡见不鲜。那些官贪利而色祸官的前车之鉴足为当途者鉴，当途者视而不见，见而不鉴者，自是咎由自取。

十八、人有不仁之心则礼乐虚行徒作

子曰："人而不仁，如礼何？人而不仁，如乐何？"

——《论语·八佾第三》

【张居正直解】

　　［仁］是心之德，敬而将之以仪文，叫作［礼］；和而达之于声容，叫作［乐］；［如礼何？如乐何？］譬如说没奈他何一般，是不相为用的意思。

　　孔子说："仁之在人，乃本心之全德，人能全此心德，使心里常是恭敬，则行出来的仪文便都是礼。心里常是和平，则播之于声容，便都是乐。是礼不虚行，必仁人而后可行也。人而不仁，则其心放逸而不能敬，礼之本先失了。那陈设的玉帛，升降的威仪，不过是虚文耳。礼岂为之用乎？所以说如礼何？乐不徒作，必仁人而后能作也。人而不仁，则其心乖戾而不和。乐之本先失了，那钟鼓之声，羽旄之舞不过是虚器耳，乐岂为之用乎？所以说如乐何？"

盖礼乐不可斯须而或去，人心不可顷刻而不存，欲用礼乐者，求之心焉可也。

【编者按】

礼、乐之事本来就是虚行徒作；规章法务，本来不过一纸空文。任何法制典章都要由人来执行，人心不正，条文何用？正得官心，民心自正；民心不正，一定起于政邪。执政者鼠窃狗偷，天下自盗贼蜂起，古今同理，毫厘不谬。

十九、人言"媚奥不如媚灶"

王孙贾问曰:""与其媚于奥,宁媚于灶。'何谓也?"子曰:"不然,获罪于天,无所祷也。"

【张居正直解】

〔王孙贾〕是卫大夫;〔媚〕是亲顺;〔奥〕是室之西南隅;〔灶〕是灶神。

古者夏月祭灶,必先祭主于灶陉。然后迎尸入奥,而设馔以祭。是祭于奥则似尊崇,祭于灶则似卑亵。故当时俗语说:"奥虽有常尊,而非祭之主,灶虽卑贱,然日用饮食所司,当时用事,所以说媚奥不如媚灶。"盖奥以比君之势分崇高,难以自结;灶以比臣之专权用事,容易干求。时俗之见,浅陋如此。王孙贾乃问孔子说:"俗语有云:'与其求媚于奥,宁可求媚于灶。'夫奥本尊崇,灶甚卑亵,今乃言媚奥不如媚灶,其意果何谓也？"贾疑孔子在卫，有求仕之心，欲求附已以进用，故以此讽之耳。

〔获〕字，解作"得"字；〔祷〕是祈祷。孔子答王孙贾说："俗语所谓媚奥不如媚灶，我甚不以为然。盖天下之至尊而无对者，惟天而已。作善则降之以福，作不善则降之以祸，感应之理毫发不差。顺理而行，自然获福。若是立心行事，逆了天理，便是得罪于天矣。天之所祸，谁能逃之？岂祈祷于奥灶所能免乎！"此可见人当顺理以事天，非惟不当媚灶，亦不可媚于奥也。孔子此言，逊而不迫，正而不阿，世之欲以祷祀而求福者，视此可以为鉴矣！

【编者按】

奥神尊于灶神，灶神虽不过只管一家一户的衣食柴米锅灶，但却是每一天都关乎切身利益。所以灶神在一家的实际地位，远比奥神要高，虽然奥神比灶神尊贵。人性、人心大抵如此，所以又有"县官不如现管"之说流行。

二十、礼敬与谄媚形似而心不同

子曰："事君尽礼，人以为谄也。"

——《论语·八佾第三》

【张居正直解】

［礼］是恭敬之见于仪文者，乃道理当然的去处；［谄］是求媚。

孔子说："臣之于君，既有尊卑上下的定分，便自有恭敬奉承的定礼。这礼，是先王所制，万世通行，不可违越者也。今我之事君，心里极其敬谨，不敢有一毫轻慢，故每事依着礼节，不敢有一些差失，这不过尽那礼之当然者而已，非有加于礼之外也。时人不知，乃以为求媚取悦而然，是岂知事君之礼者乎！"

盖当时公室衰微，强臣僭窃，上下之际，多不循礼，惟孔子欲明礼法以挽回之。如过位则色勃，升堂则屏气，违众而拜堂下，闻命而不俟车，这等循礼，当时反以为谄，则礼法之不明于天下可知。故孔子之言如此。然尽礼与谄，其迹相似，而其心不同。君子之事君，其礼固无不尽，然却不肯阿谀顺从，如责难以为恭，陈善以为敬，一心只要成就君上的美名，干办国家的大事，这便真是尽礼。小人之事君，外面虽似尽礼，然心里未必忠实，如阿顺以为容，逢迎以为悦，一心只要干求君上的恩宠，保全自家的官爵，这便真是谄媚。

君子尽礼，小人以为谄，小人谄媚，亦自以为尽礼。心术之邪正，迥然不同，人君不可不察也。

【编者按】

以小人之心，度君子之腹，本是人性的一大弱点。自己卑鄙便以为天下尽是卑鄙；自己下流，便以为他人也尽皆下流。不是不知，而是以此获取自己的心安理得。

二十一、里仁为美，智者择邻而居

子曰："里仁为美。择不处仁，焉得知？"

——《论语·里仁第四》

【张居正直解】

［里］二十五家为一里；［仁］是仁厚的风俗；［择］是拣择；［处］是居处。

孔子说："人之居处甚有关系，不可不择。若使一里之中，人人都习于仁厚，在家庭，则父子相亲，兄弟相爱，在邻舍，则出入相依，患难相恤，没有残忍浮薄的人，此乃俗之至美者也。这等的去处，不但相观而喜，可以养德，亦且各守其业，可以保家，但有见识的人，必然择居于此。若卜居者，不能拣择仁厚之里而居处之，则不知美恶，不辨是非，其心昏昧而不明甚矣，岂得谓之智乎！"

夫择居不于仁，尚谓之不智，况夫存不仁之心，行不仁之事，则其为害有不可胜言者矣。又岂非不智之尤乎！此圣人立言之意也。

【编者按】

古人有购宅者，付一千一百金。有人说此宅只值百金。购者称：百金买宅，千金买邻。因邻者为贤人。古人尚德如此。

二十二、不论穷富能确守仁字皆无所害

子曰："不仁者，不可以久处约，不可以长处乐。仁者安仁，知者利仁。"

——《论语·里仁第四》

【张居正直解】

［约］是穷困；［乐］是安乐；［安］是自然合理；［利］是贪得的意思。

孔子说："仁之在人，乃本心之天德，人能全此德，而后中心有主，不为外物所摇。若那不仁之人，私欲锢蔽，失其本心，中既无主，则外物得以移之。使处贫贱困穷之时，起初或能强制。久之，则愁苦无聊，凡苟且邪僻之事，无不为已，岂可以久处约乎？使处富贵安逸之地，暂时犹能矫饰，久之，则意得志满，凡骄淫奢纵之事，无不为已。岂可以长处乐乎？"

惟仁者之人，纯乎天理，无一毫私欲，其于这仁道，不待勉强，而心与之相安。处约处乐皆相忘而不自知也。所以说仁者安仁。知者之人，中有定见，无一毫昏昧，其于这仁道，深知笃好，而求必欲得之，处乐、处约皆确然不易其所守也。所以说，知者利仁。仁、知之分量虽殊，而其能全乎仁则一，此所以久约而不滥，久乐而不淫也。

【编者按】

　　世风如洪波，人心似鸿毛。虽仁者天生本性，但多随世推移。孔子能统治的世纪，也许只能随波推移了。

二十三、仁者喜贤憎恶，反之必有私

子曰："唯仁者能好人，能恶人。"

——《论语·里仁第四》

【张居正直解】

〔惟〕字，解作"独"字；〔仁者〕是纯乎天理而无一毫私意的人；〔好〕是喜好；〔恶〕是憎恶。

孔子说："好善恶恶，天下之同情也。人惟心有私系，是以好恶鲜有当于理者。独是那仁人，其心至公而无私，故有所好也。必其人之贤而可好者，而后好之。好，当于理而无私，这才是能好人。有所恶也，必其人之不肖而可恶者，而后恶之。恶，当于理而无私，这才是能恶人。"

夫好人恶人惟仁者能之，可见人当以仁为务，克去己私而后可。至于人君之好恶，其于进退用舍关系匪细，尤不可不先纯其心于仁也。

【编者按】

没有无私的世界。全无私意的人是不存在的。私，是无罪的，有罪的是以私害人害公害国。如人人能把一个"私"字节制到"三不害"的地步，就自有天下太平了。

二十四、心向仁善者必无恶行

子曰："苟志于仁矣，无恶也。"

——《论语·里仁第四》

【张居正直解】

［苟］字，解作"诚"字；［志］是心所专向的意思。

孔子说："人性本善，而所为有不善者，皆不仁之念累之也。若其心能专向于仁，而欲以克去己私，复还天理，则一时察识虽未能精，践履虽未能熟，亦可保其必无为恶之事矣。"

盖天理人欲，不容并立，心既专于天理，又岂有纵欲灭理之为乎？孔子勉人为仁之意如此。

【编者按】

人若无欲便不成其为人，这社会也便无前进的动力。全世界的人都变成无欲无私之人，我们就都得进伊甸园了。存天理灭人欲尽是一派无知之胡言，人欲本是天造，灭人欲便是灭天，而不是"存天"，程朱不知怎解？有欲也刚，也是真英雄之本色。

二十五、君子不仁不成其君子，
得富贵去贫贱都要守道

子曰："富与贵是人之所欲也，不以其道得之，不处也；贫与贱是人之所恶也，不以其道得之，不去也。君子去仁，恶乎成名？君子无终食之间违仁，造次必于是，颠沛必于是。"

——《论语·里仁第四》

【张居正直解】

〔道〕是道理，当然；〔处〕是居处；〔去〕是避去。

孔子说："人之所遇，有顺有逆，然取舍之间，贵于审择。且如富与贵这两件，是人人所愿欲，谁不要得而处之，然有义存焉，不可苟得。若是理上应得的，虽处之亦无不可；设使无功而受禄，无德而居位，不应得富贵而偶得之，这便是无故之获，有道者所深忧。君子见利思义，决然辞之而不处也，其能审富贵如此。贫与贱这两件，是人人所厌恶，谁不要避而去之，然有命存焉，不可苟免。若是理上该得的，其顺受固不待言，就是学成而人不见知，行修而人不我用，不应得贫贱而偶得之，这也是适然之数，于身心上无损。君子乐天知命，决然处之而不去也，其能安贫贱如此。"审富贵则可以处乐而不淫，安贫贱，则可以处约而不滥，非修德体仁之君子，其孰能之？"

孔子说："审富贵，安贫贱，不徇欲恶之情，而惟要之于理，这是仁之道。而君子之所以为君子异乎人者，以其有此实也。若于富贵则贪之，于贫贱则厌之，但徇欲恶之私情，则舍去此仁，而无君子之实矣。何以成其名叫作君子。仁之不可去也如此。"

［终食之间］是一顿饭的时候；［违］是违背；［造次］是急遽苟且之时；［颠沛］是倾覆流离之际；［是］字，解作"此"字，指仁而言。

孔子说："去仁不可以为君子。"所以君子之为仁，不但处富贵贫贱而不去也。自至静之中，以至应物之处，自一时之近，以至终身之远，其心常在于仁，未尝有一顿饭的时候，敢背而去之。虽造次之时，急遽苟且，当那等忙迫，他的心也只在这仁上。虽颠沛之际，倾覆流离，遭那等患难，他的心也只在这仁上。夫当造次颠沛而其心犹在于仁，则无一时而不仁矣！所以说君子无终食之间违仁。夫君子存养之功，其密如此，由是以处富贵贫贱，又岂有不得其道者哉！此君子之所以成其名也。

　　祖师终是高于衣钵子孙，孔子至少承认人欲——富贵人之
所欲，贫贱人之所厌。只仁者说能有几人肯奉行？道不远人，
远人非道，自是儒门家语，而君子、仁人说多为远人之谈，是
以几近非道吧？

二十六、学好不难，难在不肯用力而自弃

子曰："我未见好仁者，恶不仁者。好仁者，无以尚之；恶不仁者，其为仁矣，不使不仁者加乎其身。有能一日用其力于仁矣乎？我未见力不足者。盖有之矣，我未之见也。"

——《论语·里仁第四》

【张居正直解】

[尚]字，解作"加"字。

孔子说："天下之道有二，只是仁与不仁而已。仁之当好，与不仁之当恶，谁不知之。然我看如今的人，都未见有好仁者，与那恶不仁者，何以言之？盖我所谓好仁者，非寻常喜好而已，必是真知仁之可好，而好之极其笃，凡天下可好之物，无一毫可以加之者，这才是真能好仁的人。我所谓恶不仁

者，非泛然憎恶而已，必其为仁也，惟恐不仁之为害，而恶之极其深，务要私欲尽绝，不使一毫不仁之事加在他身上，这才是真能恶不仁的人。此皆成德之事，故难得而见之也。然为仁在我，欲之即至，有志于仁者，可不知所以用力哉！"

孔子说："好仁，恶不仁，是成德之事，固难得而见之。然仁本各具于人，惟人不肯用力，故视之为难耳。若有人焉，当蔽痼之余，兴悔悟之念，一旦奋然用力于仁，凡仁之所在，务精以察之，而决以守之；凡不仁之所在，务精以察之，而决以去之。这等勇猛精进，则志之所至，气必至焉。自可驯致于成德之地，固未见有力量不足，做不将去的。然人之气禀不同，或者也有那昏弱之甚、力不足以副其心者。但人必求仁，而后能与不能者可见。当今之人都是因循怠惰，不肯求仁的人，则谓用力而力有不足者，果何从而见之哉？"孔子此言，所以责人之自弃者，词愈婉而意愈明矣！

【编者按】

世人哪有"无一毫不仁"的仁者？学问家多探寻"应该如何"，而从不究悉"能够如何"，所以皓首穷经、齿摇发落而发现的"大道至理"多不见用于时。所以知识分子永远是执政者的呆瓜弃井。命？途？

二十七、观过知仁：君子之过也厚，
小人之过也薄

子曰："人之过也，各于其党。观过，斯知仁矣。"

——《论语·里仁第四》

【张居正直解】

〔过〕是差失；〔党〕是类。

孔子说："凡人心术之邪正难知，而行事之差失易见。世之观人者，但知以无过为仁，岂知有过亦可以观仁乎？"盖人有君子，有小人。君子的人，存心宽厚，就有过失，只在那厚的一边，必不苛刻。小人的人，立心奸险，他的过失，只在那薄的一边，必不宽恕。其党类各自不同如此。人惟律之以正，而不察其心，固皆谓之过而已。若观人者，因其过而察之，则过于厚的，必是忠爱的君子，而其为仁可知矣！若过于薄的，便是残忍的小人，而其为不仁，又何疑哉！此可见取人者，固不可以无过而苛求，亦不可以有过而轻弃也。是道也，在人君尤所当知，盖人材识有短长，气质有纯驳。自非上圣大贤，孰能无过，顾其立心何如耳。小人回互隐忧，有过却会弥缝。君子磊落光明，有过不肯遮饰。故小人常以欺诈而见容，君子或以真率而得罪，是不可不察也。且如汉之汲黯，面折武帝，是他狂戆之过，然其心本是爱君；矫诏发粟，是他专擅之过，然其心本是爱民。仁者之过，大概如此。人君若以此体察群臣，优容小过，则人人得尽其用，而天下无弃才矣！

【编者按】

　　世上君主多不亲君子，所以君子永远干不过小人；而小人之所以能得志，则由君主多是小人。有道是人以群分。

二十八、人还是要活得明白一些的好

子曰："朝闻道，夕死可矣。"

——《论语·里仁第四》

【张居正直解】

〔闻〕是闻知；〔道〕是事物当然之理。

孔子说："道原于天而赋于人。人生下来，便有日用常行的道理。如为子便要孝，为臣便要忠，一毫亏欠不得。若不曾知得这道理明白，便是枉过了一生，虽死犹有所憾。若是平日间，着意去讲求，竭力去体认，一旦豁然贯通，无所疑惑，则凡性分之所固有，与夫职分之所当为，事事完全，无少亏欠，就是晚上没了，其心亦安，而可以无遗恨矣。"孔子此言盖甚言道之不可不闻，欲人知所以用力也。然人不学不知道，欲闻道者，可不以务学为急哉？

【编者按】

虽千古名言，但闻道即死，谁人还去求道？仔细思量着，绝非戏言，孔子亦非妄说，西学亦多注脚。但总归还是活得明白一些的好，所谓"道"，就是明白而不糊涂。而得就是德，德就是道，道就是正路，不讲"人间正道"吗？

二十九、以贫苦为耻者不足与论道

子曰："士志于道，而耻恶衣恶食者，未足与议也。"

——《论语·里仁第四》

【张居正直解】

〔士〕是为学之人；〔道〕是事物当然之理，即学之所求者也；〔恶衣〕是粗恶的衣服；〔恶食〕是粗恶的饮食；〔议〕是议论。

孔子说："人之为学，有志于斯道者，必是识见高明，见得自己性分为重，外物为轻。凡富贵贫贱，都动他不得，而后于道为有得也。若夫士而为学其志将以求道也，却乃愧耻其衣服饮食之不美，则是羞贫贱，慕富贵，其识趣之卑陋甚矣。与之论道，必不能知其味而信之，何足与议哉！"大抵衣服饮食，不过奉身之具，于性分原无加损。故大舜在贫贱之时，饭糗茹草，若将终身，及其为天子，被袗衣鼓琴，若固有之。而禹之菲饮食，恶衣服，非徒以示俭，盖亦以口腹身体之欲，不足留意于此耳。孔子之所谓志于道者，岂专为为士者警哉！

【编者按】

世有千羞万耻，贫穷自不涉其间，但却绝非生命的福音。也许正为了孔子之说，所以人多不守他的"道"，因"君子固穷"，所以没人愿意当君子。孔子自己不也说"贫与贱之所恶"吗？哪个生命也不是为了贫贱而来这个世界的，人这一生总该为改变自己的生存状态而努力才好。孟子就讲过，不违仁义者，天下可取。没谁会去想取天下，也未必就去谋什么富贵，但贫贱二境是不可居所。

三十、天下无必行必不可行之事，只看是否合理

子曰："君子之于天下也，无适也，无莫也，义之与比。"

——《论语·里仁第四》

【张居正直解】

〔适〕是必行的意思；〔莫〕是必不行的意思；〔义〕是事之宜；〔比〕字，解作"从"字。

孔子说："天下之事，都有至当不易的道理。但当随事顺应，不可先有意必之私。且如有一件事来，心里主于必行，这便是适。适，则凡事之不可行的，都看作可行了，其弊必至于轻率而妄为。心里主于必不行，这便是莫，莫则凡事之可行的，都看作不可行了。其弊必至于拘滞而不通。这两件都是私心，必然害事。君子之人，其处心公而虚，其见理明而悉，故于天下之事，未尝主于必行而失之适，也未尝主于必不行而失

之莫，只看于道理如何。若道理上当行的，便行，无所顾忌，道理上不可行的，便不行，不敢轻易是非可否，一惟义之是从，而无容心于其间，此君子之所以泛应曲当，而无有败事也。"然必平时讲究得精明，而后临事乃能审处，有一日万机之责者，可不慎哉！

【编者按】

道理是这个道理，情况却是那个情况，你怎么办？"情况"经常打败"道理"，拿破仑无被威灵顿与布吕歇尔打败的"道理"，但诸多"情况"竟然把他钉在了滑铁卢的耻辱柱上。

三十一、君子守德畏法，小人唯利是求

子曰："君子怀德，小人怀土；君子怀刑，小人怀惠。"

——《论语·里仁第四》

━━━━━━━━━━━ ❈ ━━━━━━━━━━━

【张居正直解】

〔怀〕是思念；〔德〕是固有之善；〔土〕是居处之所安者；〔刑〕是刑法；〔惠〕是货利。

孔子说："君子小人，为人不同，而其所思念者亦异。君子之所思念者，在于固有之善，立心则欲其无私，行事则欲其合理，惟恐悖德而为不肖之人。若夫小人，则不知德之可好也。而所思念者在于土。凡居之所安适处，即依依于此，恋而不舍。盖惟知适己自便，虽违德义而不恤矣。君子之所思念者，在于朝廷之法，循理而不敢放肆，奉上而不敢违越，惟恐犯法而为有罪之人。若夫小人，则不知法之可畏也，而所思念者在于惠。凡利之可歆羡者，即营营于此，求必得之。盖惟知贪得无厌，虽触刑法而不顾矣。"夫君子小人之所怀不同，如此观人者，但看其意思何如，便可以知其为人之实矣。

【编者按】

德须守、法可畏，君子不可缺德违法；利不可贪，惠不可恋，小人尤不可为。换一种方式思考：君子多为知书达理吃俸禄之人，再缺德违法，那说得过去吗？小人分势利小人与穷苦农民。农民如不"怀土、怀惠"，怎么生存呢？

三十二、曾子说"孔子之道，忠恕而已"

子曰："参乎！吾道一以贯之。"曾子曰："唯。"
子出。门人问曰："何谓也？"曾子曰："夫子之道，忠
恕而已矣。"

——《论语·里仁第四》

【张居正直解】

［参］是曾子的名；［贯］是通；［唯］是应之速。

曾子一日三省其身，其于斯道之用，固已随事精察而力行
之矣。但于体用一原的去处，尚未能确然有见。故孔子呼其名
而告之说："参乎，汝亦知吾之道乎？盖天下事有万变，物有
万殊，其实总是一个道理。若在事物上一一去讲求，则头绪多
而用力难，非根本切要之学也。我于天下的事物，只是一个道
理贯通将去，随他千变万化，都能应之而不穷，处之而各当。
譬如川水一般，虽千条万脉，只是一个泉源流行出来。譬如树

木一般，虽千枝万叶，只是一个根本生发出来。散之则甚博，而操之则甚约，这便是我的道理。"曾子一闻孔子之言，豁然有悟，就答应说："唯。"盖其工夫至到，识见高明，故不复有所疑问，而直应之如此。此圣人传授心法，惟曾子独得其宗也。

[门人]是孔子弟子；实心自尽，叫作[忠]；推己之心以及人，叫作[恕]。

孔子一贯之旨，惟曾子为能默契，其余门人，都不能知。及孔子既出，门人私问于曾子说："夫子所谓一以贯之者，其说谓何？"曾子答说："夫子之道无他，只是忠恕而已矣。"盖一人的心，就是千万人的心，我心里要尽的去处，就是人心所欲得的去处。若真实自尽，念念都出于忠，便能推以及人，事事都出于恕，可见千万人的心，只是这一个心，便都通得，所谓一以贯之者，其意不过如此，岂复有他说哉？

【编者按】

诚心实心为忠；将心比心为恕。忠恕虽非投桃得李之举，但终可持己心，待他人之正道。人当知自修自得之理。

三十三、"君子喻于义，小人喻于利"

子曰："君子喻于义，小人喻于利。"

——《论语·里仁第四》

【张居正直解】

〔喻〕字，解作"晓"字；〔义〕是天理之所宜；〔利〕是人情之所欲。

孔子说："天下之道二，义与利而已，而君子小人，实于此辨焉。"君子循天理，有好义之心，又有精义之学。故其立身行己，只在义上见得分明，义当进则进，不然则退，义当受则受，不然则辞。虽有时不避形迹，而涉于为利者，亦不过委曲以成其义耳。是君子之心，惟知有义，而义之外，皆非所知矣。小人徇人欲，有怀利之心，又有谋利之巧，故其立身行己，只在利上见得分明，有利则趋，无利则避，利于己则为，利于人则否。虽有时假托形迹，似乎为义者，亦不过借此以图其利耳。是小人之心，惟知有利，而利之外，皆非所知矣。夫君子小人所喻不同如此。然喻义则君子固自成其君子，而天下之事，亦因以济。喻利则小人固终陷于小人，而天下之事亦因以坏。修己用人者，可不慎择而深辨之哉！

【编者按】

君子必伪，是指"伪君子"而何来仗义？小人也是人，小人物虽无须为其张目，也终是人类，且不可一概论之。管鲍分金，管仲虽称不得君子，虽利己在先，毕竟不可入小人之类。于百姓小人而言，得小利图生存而已；奸诈小人见利忘义必害人不浅；而国之君主、封疆大吏若见利忘义，那就祸国殃民了。

三十四、父母有过劝谏不从，不可怨怒不敬

子曰："事父母几谏。见志不从，又敬不违，劳而不怨。"

——《论语·里仁第四》

【张居正直解】

［几］是微；［违］是违拂；［劳］是劳苦。

孔子说："人子之事父母，固以承顺为孝。然遇着父母有过失，也当谏诤。但有个进谏的道理，不可直言面诤，以伤父母之心。必须和颜悦色，下气柔声，微微地谏他，或待其间悔而谕之以理，或乘其喜悦而动之以情，务使父母乐从而后已。若见父母的志意未肯听从，必当愈加敬谨。不可因父母不从，就发露于声色，而有违拂之意。就是父母嗔怪，或加以怒责劳苦之事，亦当从容顺受，不可因父母折挫，遂怀怨恨之心，唯积诚以感动之，委曲而开导之，久之则父母亦以幡然悔悟而改

图矣。所谓几谏者如此。"昔大舜父顽母嚚，常欲杀舜。舜祗载见瞽瞍，夔夔斋慄，瞽瞍亦允若。夫以瞽瞍之恶，而大舜犹能以孝感之，况未至为瞽瞍者乎？然则孔子所谓几谏，惟大舜能之也。

【编者按】

父母有过，终是父母。人非圣贤，谁能无过？有道是子不言父过，儿不捉母奸。更何况微小之事。为不留终生无补之遗恨，唯有生前敬谨事亲，而不可辞色相加，违伤其心。

三十五、孝子不为父母增忧加念

子曰:"父母在,不远游。游必有方。"

——《论语·里仁第四》

【张居正直解】

〔方〕是方向。

孔子说:"父母爱子无所不至,为人子者,必能体父母之心而后可也。若是有父母在堂,不可出外远游。盖凡为人子之礼,冬温而夏清,昏定而晨省,若出外则定省旷而音问疏,不但己之思亲,亦恐亲之念己不忘也,所以不可远游。若或不得已而出游,亦必告父母以一定的方向,如往东则不更从西行,往南则不更从北行,使父母知我定在某处,可以无忧。若有呼唤,便可应期即至而无失也。"

夫人子事亲,一出游而不敢轻易如此,又岂可纵肆逸乐,不惜其身,以贻父母之忧乎?所以古之孝子,不登高,不临深，出必告，返必面，无非欲安父母之心而已，为人子者不可不知。

【编者按】

古人孝道，今日已荡然无存。是真正的"独子"时代，自私自利、"个性解放"几于畜群。虎兕出柙，监者有其责，父母亦多自作自受，自酿酒自喝自醉。而社会教化亦难辞其咎。

三十六、人子当知父母年寿日增而来日无多之理

子曰："父母之年，不可不知也。一则以喜，一则以惧。"

——《论语·里仁第四》

【张居正直解】

［年］是年岁。

孔子说："父母的年岁，为人子者，须常记念在心，不可以不知也。盖寿数之长短，皆系于天而不可必。今父母寿考康宁，使人子得以承欢于膝下，这是难得之事，岂不可喜？然父母年纪衰迈，来日无多，安能保其长存。这又有不测之忧，岂不可惧。"若知道这一件可喜，又有这一件可惧，时常记念在心，则爱日之诚，自不能已。而所以奉事之者，不敢有一毫之不尽矣！所以说"父母之年，不可不知也"。

【编者按】

　　无穷岁月增中减，树犹如此，人何以堪？而父母年事日高，更何以堪？他日黄泉之下，思一言一语之听闻，一茶一饭之奉敬皆不可能。唯生前尽孝可辅得心安。为人子者不可有所轻心忽略。

三十七、古人少言是因为以行不及言为耻

子曰："古者言之不出，耻躬之不逮也。"

——《论语·里仁第四》

【张居正直解】

［出］是发言；［逮］字解作"及"字。

孔子说："人之言行，须要相顾，如今人说得行不得的甚多。若古之学者，沉静简默，不肯轻易出言，这是为何？盖其学务为己，志在躬行，言忠便要尽忠，言孝便要尽孝，句句言语都有下落，心里才安。若只是信口说了，都不能躬行，这便是行不及言，而为夸诞无实之人矣！古之人深以为耻，而不肯为。此其所以慎于言而不轻出也。"

古之人惟其尚行，故笃实之风行，今之人只是空言，故浮华之习胜。学术既异，而世道人心亦迥然不同。孔子之言，盖伤之也。

【编者按】

人言厚古薄今，而所厚者必有是处。只有薄者才敢薄古，厚者才有资格厚古。不要以为现代人就处处比古人聪明，尤其是对古今中外都是不学好，只学坏。再好的关东烟一经这种人的手就变味。

三十八、君子贵慎言敏行

子曰："君子欲讷于言，而敏于行。"

——《论语·里仁第四》

【张居正直解】

［讷］是迟钝的意思；［敏］是急速的意思。

孔子说："放言甚易，力行甚难。故言常失之有余，行常失之不足。惟是成德之君子，一心只要做笃实的工夫，其于言语则务欲其讷，非惟不当言的不敢言，就是当言的，亦必谨慎收敛。讷讷然却似迟钝的一般，不敢信口便说，以取失言之悔也。于行事则务欲其敏，除是有所不知则已，若知道当行的事，便奋发勇往，急急然惟恐失了的一般，不敢少有怠缓，以致废时而失事也。"欲讷于言，则言必能顾行，欲敏于行，则行必能顾言，岂非慥慥笃实之君子乎！

【编者按】

现代人流行病：大嘴收缩肌失禁；小脚跟腱肌萎缩。

三十九、宓子贱这样的人才是君子

子谓子贱，"君子哉若人！鲁无君子者，斯焉取斯？"

——《论语·公冶长第五》

【张居正直解】

〔子贱〕是孔子弟子宓不齐，字子贱；〔斯〕字，解作"此"字，上一个"斯"字是说此人，下一个"斯"字，是说此德。

门人记孔子曾说："人之为学，都要学做君子。然君子之德，未易成也。吾门若宓子贱者，他的学力已造到成德的地位，君子哉！其若人乎！然子贱所以能为君子，虽是他自家向上，有志进修，亦由我鲁国多君子，人才众盛，故得以尊师取友而成其德耳。若使鲁没有许多君子，则虽要尊师，而无师之可尊；虽要取友，而无友之可取。斯人也，亦不免孤陋寡闻而已，将何所取以成此德乎！"

此可见自修之功固不可废，而师友之益，又不可无也。然师友之益，不但学者为然，古之圣帝明王屈己下贤，虚心访道，尊崇师保，而资其启沃，慎择左右，而责之箴规，无非欲严惮切磋，养成君德而已。古语说："师臣者帝，宾臣者王。"然则人君欲成其德者，当以好学亲贤为急。

【编者按】

宓子贱是政治家，曾为单父县令，于弹琴雅歌中垂衣而治，县政清明。后来他的师弟巫马期来接任，忙得焦头烂额而毫无头绪，便去向宓子贱请教。宓子贱的回答很简单："我的办法是任人，你的办法是任力。"

四十、佞口善辩必招人厌憎

或曰:"雍也,仁而不佞。"子曰:"焉用佞?御人以口给,屡憎于人。不知其仁,焉用佞?"

——《论语·公冶长第五》

【张居正直解】

〔雍〕是孔子弟子冉雍;〔仁〕是有德;〔佞〕是口才。

春秋之时,人皆以口才便利为尚。而冉雍为人,重厚简默,与时俗不同。故或人谓孔子说:"夫子之弟子有冉雍者,论其为人,可谓仁而有德者矣。但惜其素性简默,无有口才,而不能为佞也。"或人之言,非惟不知仁,亦不知冉雍者矣。

〔御〕字,解作"当"字,譬如说抵当人一般;〔给〕是取办;〔屡〕是多的意思;〔憎〕是恶。

孔子答或人说:"汝以冉雍为不佞,是必以佞为贤矣。自我言之,人之立身行己,亦何用于佞乎?盖佞人所以应答搪抵人者，只是以口舌便利，取办一时。那甜言巧语，高谈阔论，外面虽似有才，其中都没有真实的意思，被人看破，却是个邪佞的小人，不足以取重，而徒多为人所憎恶耳，亦何益之有哉。今汝以雍为仁，我固不知他仁与不仁。但说他不佞，正是好处。要那口才何用乎！然则汝之所惜者，正吾之所取也。"

由孔子之言观之，可见学者当用力于仁，而不可不深戒夫佞矣。然佞人不止可憎，为害甚大，盖其言足以变乱黑白，颠倒是非。或逞其私智，以纷更旧章，或巧为谗言，以中伤善类，人君若不知而误听之，未有不败坏国家者。故大舜疾谗说之殄行，孔子恶利口之覆邦，皆所以垂戒于万世也。用人者可不以远佞为急务哉。

【编者按】

天子出于庶民者，天下未有不治，如大舜，如洪武；将帅起于行伍，行军作战多胜少误，如新中国的将军们。用人只需一条标准，看他自己以往的业绩，那才是学识才能的真正。不在于他说得怎样、写得怎样，而在于他干得怎样。

四十一、道德文章可观可览，
人性天道门墙难见

子贡曰："夫子之文章，可得而闻也；夫子之言性与
天道，不可得而闻也。"

——《论语·公冶长第五》

【张居正直解】

　　［文章］是德之见乎外者，指威仪文辞说；［性］是人所
受于天之理；［天道］是天理自然之本体。

　　子贡说："凡人学力有浅深，故其闻道有难易。吾夫子平
日，凡动作威仪都有法度，言词议论都有条理，这是德之著，
见乎外的，所谓文章也。夫子固常以教人，无所隐秘，故不待
深造者而后闻之。凡浅学之士，从游门墙者，皆可得而闻也。
若夫仁义礼智，禀于有生之初的，叫作性。元亨利贞，运于於
穆之中的，叫作天道。夫子亦尝言之矣。但道理极其微妙，言

语难以形容，若不是学力既深，可与上达的人，决不轻告。故不但浅学之士，不得而闻，虽久于门墙者，亦不可得而闻也。"盖子贡晚年进德，乃始得闻性与天道，故叹之如此。然圣门教人，循序渐进，于此亦可见矣。

【编者按】

一生活得不知所以然，虽富有也是很悲哀的事；一生只去追寻什么学、性、道而无所事，也是一种生命的悲哀。人毕竟是现世者。

四十二、孔子乱断微生高

子曰："孰谓微生高直？或乞醯焉，乞诸其邻而
与之。"

——《论语·公冶长第五》

【张居正直解】

鲁人有微生高者，素以直见称于时。人但慕其名而不察其
实，故孔子举一事以断之说："人皆以微生高为直，如今看
来，谁说他是直人。盖所谓直者，必诚心直道，有便说有，无
便说无，无一毫矫饰，而后谓之直。今微生高者，人曾问他求
醋，其家本是没有，却不肯直说，乃转问邻家求来与他，这是
曲意徇物，掠人之美以市己之恩矣。即此一事推之，则其心之
私曲，行之虚伪可知，焉得谓之直乎？"

夫微生高之直，人皆信其行，而孔子独断其非，所谓众好
之必察焉者如此。然当时似是而非，虚名无实者，不止一事，

利口之人乱信，乡愿之人乱德，孔子皆深恶而痛绝之。盖欲人致谨于名实之辨也，然则用人者岂可徒采虚名而不考其实行哉！

【编者按】

孔子之心肠莫测，微生高借醋与人，虽非直道待人，亦非恶行，终是助人之事，怎可枉断他有市恩之心？子非鱼也。孔子自己就说人心难测，你怎么就断定人家有此心呢？

四十三、左丘明孔子以谄媚、藏怨为二耻

子曰："巧言、令色、足恭，左丘明耻之，丘亦耻之。匿怨而友其人，左丘明耻之，丘亦耻之。"

——《论语·公冶长第五》

【张居正直解】

［巧言］是言词工巧；［令色］是颜色和柔；［足恭］是过于恭敬而不中礼者；［左丘明］是当时贤人；［耻］是羞愧；［丘］是孔子的名；［匿］是藏；［怨］是恨。

孔子说："人莫善于诚心直道，莫不善于谄媚奸险。盖人之相接，词色体貌，本自有个正礼。若乃巧好其言，务以悦人之听；令善其色，务以悦人之观；足过其恭，务以悦人之意，是谄媚之人也。左丘明为人方正，尝耻之而不为，我亦耻之而不为焉。人之相交，恩怨亲疏自有个真心，若心里本是怨恨其人，却深藏不露外面，佯与交好，是奸险之人也。左丘明存心

诚笃，尝耻之而不为，我亦耻之而不为焉。"夫观此二者为圣贤之所共耻，学者可不省察乎此，而立心以直哉！然此等人不止可耻，尤有害于国家。盖谄媚之人，阿谀逢迎，非道取悦，人情易为其所惑。奸险之人，内怀狡诈，外示恭谨，人情易为其所欺。若不识而误用之，则其流祸有不可胜言者，所以古之圣王，远佞防奸，如畏鸩毒而避蛇虺。盖为此也。

【编者按】

　　孔子一生想天下各得其所其安，而当世王侯则无不各思争夺天下，是以孔子一生终不见用，也是生适其时其世之自然。还是道不同不相为谋。张居正所言"直道"，无非为明代文臣之超嚣张张目。柳下惠以直道事人，焉能往而不三黜？青年人不可学谄习媚，但却一定要学会好话好说，否则其害不浅。

四十四、孔子绝望于人不能悔过自责

子曰："已矣乎！吾未见能见其过而内自讼者也。"

——《论语·公冶长第五》

【张居正直解】

［已矣乎］是绝望之辞；［内自讼］是心里自家悔责。

孔子说："人不能以无过，而能改则可为君子。然必自知其过，而内自讼责，则即其悔悟深切，而能改可必矣。我尝以此望于天下之人，自今看来，凡人有过，不是饰非以自文，便是萎靡以自安，并未见有自家知所行的不是，而内自悔责者也。然则欲求其能改过，岂可得乎！昔之所望于人者，今则已矣。"这是孔子欲人悔过迁善，故为是绝望之辞，以激励天下人的意思。

大抵悔之一字，乃为善之机。《易》曰："震无咎者存乎悔。"太甲悔过，自怨自艾，故终为有商之令主。然能居敬穷理以预养此心，则自然邪念不萌，动无过举。圣人所以能立无过之地者，其要在此。若待其有过而后悔之，不亦晚乎？孔子之言，盖为中人以下者发也。

【编者按】

精神病患者一生的谎言便是诿过于人，以减轻自责。所以凡事不自责只知怨天尤人者，与精神病无二。

四十五、百步之内，必有芳草；十室之邑，必有忠信

子曰："十室之邑，必有忠信如丘者焉，不如丘之好学也。"

——《论语·公冶长第五》

【张居正直解】

〔十室之邑〕是十家的小邑；〔忠信〕是资质纯实，可进于道者；〔丘〕是孔子的名。

孔子说："人之造道，固在于天资，而尤须乎学力。我之得闻斯道，非徒以资质之美而已，实由好学以成之也。若但以资质言之，则岂必天下之广，就是那十家的小邑，也必有纯朴笃实，可进于道如我者焉。则天下之如我者，可胜言乎？但人皆恃其美质，不如我之勤敏好学以扩充其资，所以不能闻道，而有成者鲜也。"夫人乃不咎其学之不至，而徒诿于资之不

美，岂不过哉？盖美质易得，至道难闻，故君如尧舜，必孳孳
于精一，圣如孔子，犹汲汲于敏求，况其他乎？欲法尧舜孔子
者当知所以自勉也。

【编者按】

难得一见大成至圣先师如此之言，如此之不蔑视天下之
人。荀子曾说："君子生（性）非异也，善假于物也。"人天
生的禀赋没有本质上的区别，而人与人的区别多产生于后天养
成。而学与不学则是这一差别的关键。所谓"学养"，并不只
指学问水平的高低，也是指人通过"学习"，会提高自身的素
养。从某种意义上而言，一个人的学习能力，基本上在决定他
一生的才能，乃至命运如何。

四十六、君子不迁怒，智者不二过，皆以正心为要

哀公问："弟子孰为好学？"孔子对曰："有颜回者好学，不迁怒，不贰过。不幸短命死矣！今也则亡，未闻好学者也。"

——《论语·雍也第六》

【张居正直解】

［迁］是移，本怒此人，而又移于他人，叫作［迁怒］；［贰］是重复，已先差失了，后来重复差失，叫作［贰过］。

昔鲁哀公问于孔子说："夫子之门人弟子甚众，不知谁是好学的人？"孔子答说："人之为学，必是潜心克己，深造有得，然后谓之能好。吾门弟子中，独有颜回者，是个好学的人。何以见得他好学？夫人意有所拂，孰能无怒，但血气用事

的，一有触发，便不能禁制，固有怒于此而移于彼者。颜回也有怒时，但心里养得和平，容易消释，不曾为着一人，连他人都嗔怪了，何迁怒之有乎！夫人气质有偏，不能无过。但私欲锢蔽的，虽有过差，不知悔改，固有过于前而复于后者。颜回也有过失，但心里养得虚明，随即省悟，不曾惮于更改，致后来重复差失，何贰过之有乎？回之潜心克己如此，岂不是真能好学的人，惜其寿数有限，不幸短命而死。如今弟子中，已无此人，求其着实好学如颜回者，吾未之闻矣。岂不深可惜哉！"

夫颜回之在圣门，未尝以辩博多闻称，而孔子乃独称之为好学，其所谓学者，又独举其不迁怒、不贰过言之。是可见圣贤之学不在辞章记诵之末，而在身心性情之间矣！然是道也，在人君尤宜深省。盖人君之怒，譬如雷霆之震，谁不畏惧，若少有迁怒，岂不滥及于无辜？人君之过譬如日月之食，谁不瞻睹，若惮于改过，岂不亏损乎大德，故惩忿窒欲之功，有不可一日而不谨者。惟能居敬穷理涵养此心，使方寸之内，如秤常平，自然轻重不差，如镜常明，自然尘垢不深，何有迁怒贰过之失哉！所以说，圣学以正心为要。

【编者按】

好人无长寿，坏蛋活千年，天道不公，莫甚于此。颜回是孔门大弟子，是孔子心目中的当然衣钵传人，但却不幸英年早亡。也许造物不许世间英物太多吧，只宽纵了平庸与丑陋。所以世间英雄气短、壮士扼腕而无奈的事多有生发。

四十七、君子救急不助富

子华使于齐，冉子为其母请粟。子曰："与之釜。"请益。曰："与之庾。"冉子与之粟五秉。子曰："赤之适齐也，乘肥马，衣轻裘。吾闻之也，君子周急不继富。"

——《论语·雍也第六》

【张居正直解】

这一章是门人记圣人用财的道理。〔子华〕是公西赤，字子华；〔冉子〕是冉有；〔粟〕粟谷；〔釜〕是六斗四升；〔庾〕是十六斗；〔秉〕是十六斛。

门人记说：夫子用财，惟视义之可否。如子华为夫子出使于齐国，时有母在，冉有恐其缺于养赡，乃为之请粟于夫子。夫子说："与他一釜。"与之甚少者，所以示不当与也。冉有未达，又请增益。夫子说："与他一庾。"益亦不多者，所以示不当益也。冉有犹未达，而终以为少，遂自以其粟与之五秉。一秉十六斛，五秉共为八十斛，则与之过多而伤惠矣！

[适]是往；[裘]是皮服；[周]是周济；[急]是贫穷窘急；[继]是续。

夫子因冉有之过与，乃教之说："我非吝于财而不与之也。盖赤之往齐国也，所乘者肥壮之马，所衣者轻暖之裘，则其家之富足可知。吾尝闻之，君子但周济那贫难窘急之人，不继续那富足的人。今以赤之富足，而汝乃为之请粟，又多与之，是继富非周急也，夫岂用财之道哉！"这是不当与而与者，夫子教之以义如此。

【编者按】

人多乐于锦上添花，所以便有"马太效应"的发生；人少乐于雪中送炭，所以弱势群体常求借无门。利弊互存，各有道理。所以人类是一个既可爱又可憎的物种。

四十八、心无不足，所得者深，乐不在贫富

子曰："贤哉回也！一箪食，一瓢饮，在陋巷。人不堪其忧，回也不改其乐。贤哉回也！"

——《论语·雍也第六》

【张居正直解】

［贤］是有德之称；［箪］是竹器；［食］是饭；［不堪］是受不得的意思。

孔子称许颜回说："凡人学道者多，得道者少。我看颜回是个有德的贤人。如何见得？盖人莫难于处贫，而回则贫之至者。他的饮食不过是一箪之饭，一瓢之饮，又居处于荒陋的巷中，其困穷一至于此。若使他人处之，有不胜其愁苦者。然颜回之心自有乐处。但见其优游自得，不以身之困穷而遂改其乐也。这是所见者大，故中心自无不足；所得者深，故外物自不

096

能移，非贤而有德者能如是乎？所以说贤哉回也！"

大抵处富贵而佚乐，居贫贱而忧戚，乃人情之常。圣贤之所乐，盖有超于贫富之外者。舜禹有天下而不与；孔子饭蔬饮水，乐在其中；颜子箪瓢陋巷，不改其乐；其心一也。善学者当自得之。

【编者按】

人生须学会面对，才会有生存的勇气；人生也须要学会"退一步"，有道是退后一步自然宽，何必自寻烦恼？

四十九、中途而废非力不足，
而在画地自限

冉求曰："非不说子之道，力不足也。"子曰："力不足者，中道而废，今女画。"

——《论语·雍也第六》

【张居正直解】

[说]是喜悦；[中道]是半途；[废]是止；[画]是自家限量的意思。

冉求自言于孔子说道："夫子之道高矣美矣，我非不钦慕而求以至之，但资禀昏弱，心虽欲进，而力有所不足，故不能至耳！"孔子教之说："所谓力不足者，非不用其力也，乃是心诚向道尽其力以求之，至于中道，气力竭了，莫能前进，而不得不废，这才叫作力之不足。今汝本安于怠惰，不肯用力向前，譬如画地以自限的一般，乃能进而不欲，非欲进而不能者也，奚可自诿于力之不足哉！"

大抵人之勇往力行，生于真知笃好，盖志之所至，气必至焉。若冉有者，还是不曾真知道中之味而悦之。使其果悦之深，则必如颜子之欲罢不能矣，而岂以力不足为患哉！学者不可不勉也。

【编者按】

颜回不回大成，冉求不求而废。人固有力不足时力不足处，但中废者多因志不足、趣不足，是谓自限之患。

五十、君子之学自得其实，
小人之学浮花沽名

子谓子夏曰："女为君子儒，无为小人儒。"

——《论语·雍也第六》

【张居正直解】

〔儒〕是学者之称。

孔子常教门人卜子夏说："如今为学的人，都谓之儒，不知儒者亦有分辨。有一样君子之儒，有一样小人之儒。所谓君子儒者，其学道固犹夫人也，但其心则专务为己，不求人知。理有未明，便着实去讲求，德有未修，便着实去体验，都只在自己身心上用力，而略无干禄为名之心，此君子之儒也。所谓小人儒者，其学道亦犹夫人也，但其心专是为人，不肯务实，知得一理，便要人称之以为知，行得一事便要人誉之以为能，都只在外面矫饰而无近里着己之学，此小人之儒也。汝今但学那君子之儒，而专务为己，不可学那小人之儒，而专务为人。能审乎此，则趋向正而心术端，自然日进于高明，而不流于污下矣，可不谨哉！"

这君子、小人之儒，不但学术所关，亦世道之所系。人君若得君子之儒而用之，则必能守正奉公，实心为国，而社稷苍生皆受其赐。若用了小人之儒，则背公营私，附下罔上，而蠹国殃民之祸，有不可胜言者。故用人者，既观其行事，而又察其心术，斯得之矣。

【编者按】

求学之事很难说君子、小人，所谓展卷有益是了。孔孟之学，与苏秦、张仪、李斯之学，自有不同：前者为万世之学、天下之学；后者为一时之学、名利之学。但孔孟就不求当时有用吗？不可得而已。后者之学也自是学问，而所用非其所，是心术不正而已。

五十一、粗鲁无文为"野"，
外华内虚为"浮"

子曰："质胜文则野，文胜质则史。文质彬彬，然后君子。"

——《论语·雍也第六》

【张居正直解】

〔质〕是质实；〔文〕是文采；〔野〕是村鄙的人；掌管文书的，叫作〔史〕；〔彬彬〕是匀称的意思。

孔子说："凡人固要质实，也要文采。二者可以相有，而不可以相胜。若专尚质实，胜过乎文，则诚朴有余，而华采不足，就似那村野的人一般，一味是粗鄙简略而已，岂君子之所贵乎！若专尚文采，胜过乎质，则外虽可观，而中无实意，就似那掌管文书的一般，不过是虚浮粉饰而已。亦岂君子之所贵乎？惟是内有忠信诚恪之心，外有威仪文辞之饰，彬彬然文质相兼，本末相称，而无一毫太过不及之偏，这才是成德之君子。"

德至于君子，则岂有野与史之弊乎？盖周末文胜，古道尽亡，孔子欲矫其偏而归之正，故其言如此。但当时之君，安于弊政，而不能变更，公卿大夫习于流俗，而不知救正，此周道之所以日衰也。有挽回世道之责者，其念之哉！

【编者按】

人宁"野"而不为浮华之人无能之辈。

五十二、活得本真为人生，
　　　不走正道为不死而已

子曰："人之生也直，罔之生也幸而免。"

——《论语·雍也第六》

【张居正直解】

　　［直］是真实公正的意思；［罔］是虚罔不直；［幸］是
侥幸。

　　孔子说："人得天地之正理以生，其是是非非，善善恶恶
存之于中，发之于外者，都有个本然的公心，当然的正理，所
谓直也。人能全此道理，则生于天地之间乃为无愧。若使存心
虚妄，行事私邪，或作伪以沽名，或昧心而徇物，则是矫罔不
直，而失其有生之理矣！生理既失，便不可以为人，就是生在
世间，不过侥幸而得免于死耳！岂不深可愧哉！"譬之草木，
或夭或乔，畅茂条达者，乃其生理也。今乃矫揉造作，或扭直

以为曲，或移此以接彼，则戕其有生之理，其不死者幸耳。人之不直，何以异于是哉！"孔子深恶不直之人如此。故圣王在上，举用正直之士，斥远憸邪之徒，则举措当而人心服矣。

【编者按】

是耶？非耶？取耶？舍耶？行耶？止耶？柳下惠以直道事人便三次被罢免降职，世人则以其为圣；李斯以一己之私而曲心事君处事，虽平步青云却不得其死浩叹东门；秦桧昧心而行，丧尽天良千古骂名却得名利善终；袁崇焕忠心耿耿而一意孤行不慎，死无全尸而感动后世。人生真需一个"慎"字。

五十三、君子可欺不可愚

宰我问曰："仁者，虽告之曰：'井有仁焉。'其从之也？"子曰："何为其然也？君子可逝也，不可陷也；可欺也，不可罔也。"

——《论语·雍也第六》

【张居正直解】

[宰我]是孔子弟子宰予；"井有仁"的[仁]字，当作人物的"人"字；[从]是随；[逝]是往救；[陷]是陷溺；[欺]是欺诳；[罔]是诬罔。

宰我有志于仁，而不知为仁之道，乃问于孔子说："仁者既以爱人为心，则闻人有难便当往救，虽是人告他说，有人溺于井中，亦当随之入井而救之乎？不救，则无恻隐之心；救之，则有沉溺之患。然则为仁岂不难哉！"

孔子答说："仁者虽切于救人，然必己身得生而后可以救人之死，若从人入井，则无益于彼，而先丧其身，愚亦甚矣！仁者何为而若此乎？大凡仁人君子闻人有难，便有恻然哀怜之心，使之奔走而往救则可，若使之入井而自陷其身则不可。盖凡事自有个道理须要斟酌，若是理之所有的，人虽欺诳他，也要信了。若是理所必无的，人虽欲诬罔而使之轻信，岂可得乎？然则井中有人，理之所有也，故可使之往救；入井救人，理所必无也，故不可使之陷溺。子欲为仁，亦详审于轻重缓急之间而已。"

盖利济兼爱者，仁之心也；揆度事理者，智之事也。有智以行仁，而后仁为无蔽，宰我忧为仁之陷害，其不智可知，故孔子晓之如此。

【编者按】

救人不是殉葬，陪死怎么救人？

五十四、君子博学多闻广识而不离经叛道

子曰:"君子博学于文,约之以礼,亦可以弗畔矣夫!"

——《论语·雍也第六》

【张居正直解】

[博]是广;[文]是《诗》《书》六艺之文;[约]字,解作"要"字,是敛束的意思;[礼]是天理之节文;[畔]字,解作"背"字。

孔子说:"君子之学,将以求道也。然道散于万变,而文则所以载之,使非博之以文,则闻见浅陋,而不能旁通。道本于身心,而礼则所以检之。若徒博而不能约之以礼,则工夫汗漫而无所归宿,便与这道理相背了。所以君子之学,务要旁搜远览,凡天地民物之理,《诗》《书》六艺之文,一一去讲习讨论,以广吾之闻见,这是博学于文。然又不徒务博而已,必收敛约束,举凡视听言动之间,都守着天理之节文,不敢少有

放肆，这是约之以礼。夫博学于文，则闻见日多，既不病于孤陋；约之以礼，则身心有据，又不涉于支离。如此用工，虽未必便能与道为一，然由此进之，则亦可以至于道矣！何相背之有乎？"

圣人示人为学之方莫切于此。若就君道上说，则凡亲贤纳谏，读书穷理，即是博文的工夫，以其所闻所见者，而检束其身心，体验于政事，即是约礼的工夫。人主务此，则二帝三王之治可几而至矣！

【编者按】

人虽无所不食，但须有益健康；什么书、什么宗、什么教、什么派都可读，但却不可信，要有自己的一定之规。树枝多多益善，但如果动摇了根本，那就离死不远了。

五十五、君子求仁得仁者无所怨

冉有曰："夫子为卫君乎？"子贡曰："诺。吾将问之。"入，曰："伯夷、叔齐何人也？"曰："古之贤人也。"曰："怨乎？"曰："求仁而得仁，又何怨。"出，曰："夫子不为也。"

——《论语·述而第七》

【张居正直解】

〔为〕字解作"助"字；〔卫君〕名辄，是灵公之孙，世子蒯聩之子；〔诺〕是应答之词。

昔卫灵公时，世子蒯聩得罪出奔，灵公薨，国人遂立蒯聩之子辄。及晋人送蒯聩归国，辄拒之不受。当时卫国之人都说道："蒯聩得罪于父，于义当绝。辄以嫡孙嗣立，于礼为宜。"未有明言拒父争国之非者。那时孔子在卫，冉有疑孔子亦以为宜，乃私问子贡说："卫君之立，国人固皆助之矣，不知夫子亦以为当然而助之否乎？"子贡即诺而应之说："吾将入见夫子而问之。"盖未能深谅孔子之心，而不敢遽答冉有之问也。

伯夷、叔齐是孤竹君之二子，长子叫作伯夷，第三子叫作叔齐。孤竹君曾有遗命，要立叔齐为君。及卒，叔齐又逊伯夷而不肯立。伯夷说父命不可违，叔齐说伦序不可乱，两人互相推让，都逃去了，这是兄弟逊国的事，正与卫君父子争国的相反。子贡不敢直斥卫君，乃入而问孔子说："伯夷、叔齐是何等人也？"子贡之问是要看孔子之取舍何如。若以争国为是，则必以让国为非。若以让国为当然，则必以争国为不可矣。孔子答说："二子逊国而逃，志行高洁，是乃古之贤人也。"子贡又问说："二子固是贤人，不知让国之后，其心亦有所怨悔否乎？"子贡之意，盖以让国之事人所难能，若贤如二子者，尤出于一时之矫激，而未免于他日之怨悔，则不可概责之他人，而卫君犹或可恕也。孔子答说："凡人有所求而不得则怨，今伯夷以父命为尊，叔齐以天伦为重。只要合乎天理之正，即乎人心之安，所以求尽乎人也。今既不违父命，不悖天伦，是求仁而得仁矣。求之而得，则其心已遂，又何怨悔之有乎？"夫孔子之于夷、齐，既许其贤而又谅其心如此，则让国之事乃孔子之所深取也。以让国为是，则必以争国为非，而其不为卫君之意不问可知矣！故子贡出而谓冉有说：夫子不助卫君也。盖惟孔子为能谅夷、齐之心，惟子贡为能谅孔子之心。

一问答之间，而父子兄弟之伦，昭然于天下矣。为国者可不以正名为先乎？

【编者按】

父子争国，无一好鸟。帝王之家有如畜圈兽群，你踢我咬、父争子夺，连后妃们都个个摩拳擦掌，撸胳膊挽袖子，跃跃欲试而不甘寂寞，而天下何得其安？

五十六、大君子粗食凉水、枕臂而眠乐在其中，富贵于我如浮云

子曰："饭疏食饮水，曲肱而枕之，乐亦在其中矣。不义而富且贵，于我如浮云。"

——《论语·述而第七》

【张居正直解】

〔饭〕是吃；〔疏食〕是粗饭；〔肱〕是手臂。

孔子自叙其安贫乐道之事说道："人生日用之间，无不欲饮食充足，居处安逸者。我所食的不过是粗饭，所饮的不过是水，其奉养之菲薄如此！夜卧无枕，但曲其肱而枕之，其寝处之荒凉如此！贫困可谓极矣！只是我心中的真乐，初不因是而有所损，亦自在其中焉。若彼不义而富且贵，苟且侥幸以得之，虽胜于疏食饮水，以我视之，漠然如浮云之无有，何尝以此而动其心耶？"

盖圣人之心，浑然天理，故不以贫贱而有慕乎外，不以富贵而有动于中如此!

【编者按】

世人未有不乐入富贵之乡者，圣人也不能免，只是在义与不义之间定取舍罢了。人未有安于贫困者，因有更甚于贫困之处所不可弃守之无奈而已。

五十七、大君子以人为师，
   小人好为人师

子曰："三人行，必有我师焉。择其善者而从之，其不善者而改之。"

——《论语·述而第七》

【张居正直解】

〔师〕是师范。

孔子说："学无常师，随在有益。人能存心于为己，斯无往而非进德之地，便是三人同行，亦必有我之师范存焉。盖人的所为非善则恶，而师也者，所以引人为善，教人去恶者也。今三人虽寡，而观其所行，岂无合于义理而为善者乎？亦岂无悖于义理而为不善者乎？善者我则景仰钦慕，取法其善而从之；不善者我则反观内省，恐己亦有是恶而改之。夫择善而从，则足以长吾之善，是善固我之师也。见不善而改，则足以救我之失，是不善亦我之师也。所以说三人行必有我师焉。"
三人且如此，则天下之人无往而非师矣！人能随处而自考，触
类以求益，进善岂有穷乎？即此推之，可见人君之学，尤须广
求博采，凡臣下之忠言嘉谟，古今之治乱得失，盖无非身、心
治理之助者，诚能以圣哲为芳规，而思与之齐，狂愚为覆辙，
而深用为戒，是谓能自得师，而德修于罔觉矣。

【编者按】

　　古人"三人行，必有我师"；今人三百人行，我必为师。
谦退之风而何存一二？非厚古薄今，实今无所可厚。虽古亦不
胜今，亦自有可取之处；今不逊古，亦实多可非。

五十八、孔子教人以四事：文、行、忠、信

子以四教：文、行、忠、信。

——《论语·述而第七》

【张居正直解】

［文］是《诗》《书》六艺之文；［行］是体道于身；尽己之心叫作［忠］；待物以实叫作［信］。

门人记说：夫子以成就后学为心，其为教虽无所隐，然大要不过四件。四者何？文、行、忠、信是也。

盖天下之义理无穷，皆载于《诗》《书》六艺之文，使不有以讲明之，则无以为闻见之资，而广聪明之益，故夫子每教人以学文也。然道本于身，使徒讲明，而不一一见之于躬行，则所学者不过口耳之虚，而非践履之实，故夫子每教人以修行也。

然道原于心，使发乎己者有不忠，应乎物者有不信，则所知所行皆为虚伪，而卒无所得矣。故夫子每教人以忠，使其发于心者肫肫恳至，而无一念之欺；教人以信，使其应乎物者，慥慥笃实，而无一事之诈。

苟能此四者，则知行并尽，表里如一，而德无不成矣。为学之道，岂有加于此哉？此夫子所以为善教也。

【编者按】

"文""行"为理之明，道之履；"忠""信"为己诚则人信。

118

五十九、孔子两叹难见圣善
而见君子斯可

子曰："圣人，吾不得而见之矣；得见君子者，斯可矣。"子曰："善人，吾不得而见之矣；得见有恒者，斯可矣。亡而为有，虚而为盈，约而为泰，难乎有恒矣。"

——《论语·述而第七》

【张居正直解】

〔圣人〕是神明不测之号；〔君子〕是才德出众之名；〔善人〕是志仁无恶的人；〔有恒〕是存心有常的人；〔亡〕字，即是有无的"无"字；〔虚〕是空虚；〔盈〕是充满；〔约〕是寡少；〔泰〕是侈泰。

孔子说："天下之人品等第，每有不同，而随其才器造诣，皆可上进。彼神明不测，大而化之的圣人，乃人之至者，吾不得而见之矣，得见才德出众而为君子者，斯亦可矣。然君子去圣人不远，岂易得哉？不惟君子不可得而见，至于天资粹美，志仁无恶的善人，吾亦不得而见之矣，得见存心之有常者，斯亦可矣。夫有恒者之与圣人，高下固为悬绝，而实为入德之门，然谓之有恒，不过质实无伪耳。盖天下之事，必有其实，乃能长久，若是存心虚伪，本无也，却做个有的模样；本空虚也，却做出个盈满的模样；本寡少也，却做个侈泰的模样，似这等虚夸无实，虽一时伪为以欺人，而本之则无自将不继于后，欲其终始如一，守常而不变，岂可得乎？所以说难乎有恒矣。夫无恒者如此，则所谓有恒者可知。人若能纯实无伪而充之以学，则固可由善人而为君子，由君子而为圣人，不止于有恒而已，此吾所以思见其人也。"

然《中庸》言达道达德，九经而归本于一诚。先儒说："诚者圣人之本。"孔子此言，岂徒以引进学者哉？要其极则参赞位育之化，亦不过自有恒之实心以充之耳。欲学二帝三王者，宜体验于此。

【编者按】

金无足赤，是以人自无纯诚；人非定律，而何来永恒？人生一世能称得好人一个，便足称可以了，而何求贤圣？设若人人都成贤成圣，也就无须贤圣了。大学者们的悲哀就在于他们只探讨应该怎样怎样，而不去探讨能够。

六十、君子荡荡于无私，小人戚戚于物役

子曰："君子坦荡荡，小人长戚戚。"

——《论语·述而第七》

【张居正直解】

〔坦〕是平坦；〔荡荡〕是宽广貌；〔戚戚〕是忧愁不宁的意思。

孔子说："欲知君子、小人之分，但观其心术气象自然不同。盖君子心循乎天理，素位而行，不愿乎外。故仰焉不愧于天，俯焉不怍于人。利害不能为之惊，毁誉不能为之惑，但见其坦然荡荡，无适而不宽舒自得也。小人心役于物欲，行险侥幸，惟日不足，故非切切以谋利禄，则汲汲以干名誉。其未得也，患得之；其既得也，患失之。但见其长是戚戚，无时而不忧虑愁苦也。"

夫坦荡荡者，作德心逸日休也；长戚戚者，作伪心劳日拙也。一念既差，而人品遂顿殊矣。可不慎辨之哉！

【编者按】

　　自私自利、患得患失、沽名钓誉者人皆恨之为小人，无不厌憎。我倒觉得此种人足称可怜。其所为不耻，无非为在社会大餐中多得一杯羹而已，便脸都不要，不是很可怜吗？而此类人又多是无才无能之辈。

六十一、门人论孔子"温、威、恭"三德

子温而厉，威而不猛，恭而安。

——《论语·述而第七》

【张居正直解】

〔温〕是和厚；〔厉〕是严肃；〔威〕是有威可畏；〔猛〕是暴戾；〔恭〕是庄敬；〔安〕是安舒。

门人记说：容貌乃德之符。人惟气质各有所偏，故其见于容貌者亦偏。惟夫子则容貌随时不同，而无有不出于中和者。如人之温者难于厉也，夫子和厚可亲是固温矣。然和厚之中自有严肃者在，可亲也，而不可犯也，又何其厉乎？温而厉，是温之得其中也。人之威者易于猛也。夫子尊严可畏，是固威矣，然尊严之内自无暴戾者存，可畏也亦可近也，何至于猛乎？威而不猛，是威之得其中也。

人之恭者难于安也。夫子庄敬自恃，是固恭矣，然舒泰而不拘迫，自然而非勉强，盖周旋中礼而有忘其恭者焉，又何其

安乎？恭而安，是恭之得其中也。

盖圣人全体浑然，阴阳合德，故其中和之气见于容貌之间者如此！欲取法其盛德之容者，当先涵养其中和之蕴可也。

【编者按】

孔子之"温而厉"，"威而不猛""恭而安"之三德，非权术之心而行，要靠内心修为的自然流泻，是装不出来的。装出来的会让人感到虚伪，反倒不如不装。一个人的心正、心大、心宽、心平、心净，无论怎样，都会产生亲和之感，反之则会处处让人不舒服。人之所有容色无不发之于心，所以治容莫若治心。

六十二、曾子鸣哀遗言：
君子所贵"三不失"

曾子有疾，孟敬子问之。曾子言曰："鸟之将死，其鸣也哀；人之将死，其言也善。君子所贵乎道者三：动容貌，斯远暴慢矣；正颜色，斯近信矣；出辞气，斯远鄙倍矣。笾豆之事，则有司存。"

——《论语·泰伯第八》

【张居正直解】

〔孟敬子〕是鲁大夫仲孙捷。

昔曾子有疾，孟敬子往问其疾。曾子将有言以告之，恐其忽略而不加之意。故先发言说道："大凡鸟之将死，恐惧迫切，故其鸣叫必哀。人之将死，本然之良心发现，故其言语必善。今我既将死矣，有言则善言也，子其听而念之哉！"

〔贵〕是贵重；〔道〕是道理；〔暴〕是粗厉；〔慢〕是放肆；〔信〕是信实；〔辞〕是言词；〔气〕是声气；〔鄙〕是凡陋；〔倍〕字与违背的"背"字同；〔笾〕是竹器；〔豆〕是木器，都是祭祀所用的；〔有司〕是执事之人。

曾子因孟敬子平日好琐屑于细务，而忽略了大体。故告之说："道虽无所不在，然有紧要的，有可缓的，不可以泛求也。吾观君子于日用之间所贵重的道理，只有三件。三者何？盖人之容貌彰于一身，易至于粗粝放肆，此所以多失容也，惟君子不动容貌则已，才动容貌便雅饬恭谨，而远于暴慢。人之颜色形于面，对人多勉为端正，而中心不然，此所以多失色也。惟君子不正颜色则已，才正颜色便表里如一，而近于信实。辞气宣于口，易至于凡陋悖理，此所以多失言也。惟君子不出辞气则已，才出辞气便成章顺理，而远鄙背。此三者乃修身之要，为政之本，所当操存省察，而不可顷刻违者，故君子所重在此而已。若夫用笾豆以供祭祀之事，如此类者，不过器数仪文之末，则自有执事者司之，君子亦何用屑屑留心于此哉？"

盖人之为学，贵识其大，大行既无不善，而小节亦无所遗，固为全德。若舍其大而务其小，则大本既失，小者亦不足观矣。况于帝王之学，又与士庶人不同，则凡正心修身以立天下之极者，又岂在于仪文度数之末哉？有志于圣贤者，当知所务矣。

【编者按】

曾子所言"三不失"：①不失容；②不失色；③不失言。不失容：举止行为不粗暴、傲慢；不失色：心思与面色表里如一，待人诚信；不失言：言之有理、心平气和。

六十三、大君子虚己下问人犯之而不较

曾子曰："以能问于不能，以多问于寡；有若无，实若虚，犯而不校，昔者吾友尝从事于斯矣。"

——《论语·泰伯第八》

【张居正直解】

〔犯〕是触犯；〔校〕是计较；〔吾友〕指颜渊说；〔从事〕是用功。

昔颜子既没，曾子追思其贤而称之说道："凡人志意盈满的少有所得，便说自己有余，他人不足，谁肯下问？度量狭小的，遇有触犯，便说自己的是，他人的不是，谁肯容忍？若是自己学力至到，本是能的，乃问于不能的人；自己学问充足，本是多的，乃问于寡少的人，其心歉然自视，虽有也，却似无的一般，虽充实也，却似空虚的一般，略无一毫自满之意，其谦虚如此！人有触犯于我，我则以情恕人，以理自遣。初未尝

128

发露于颜色，藏蓄于胸中，而（无）有一毫计较之心，其宽恕如此！这等的人不可多见，惟旧日我友颜渊，乃尝用力于此，盖其真知义理之无穷，而有善不伐，不见物我之有间，而有怒不迁，其所以潜心好学拳拳服膺者，惟此而已。今也则亡，岂不重可惜哉！"

夫孔门传授心法，颜子独得其宗，而其平日用功，不过如此！盖谦虚以受人，则闻见多而学问日广，宽恕以容物，则私意泯而德行益纯。凡为贤为圣，皆不出此二者。盖学者当致力于斯。

【编者按】

人多自负，好为人师，越不懂的人便越能装懂；稍受到一点触犯，便思反击、报复以牙眼。张居正虽说颜子一生无非谦虚、宽恕，不过如此。而事实却是二者能居一者也少见。

六十四、可托孤、寄命、
　　大节不可夺者为君子

曾子曰："可以托六尺之孤，可以寄百里之命，临大节而不可夺也。君子人与？君子人也。"

——《论语·泰伯第八》

【张居正直解】

［托］是付托；［六尺之孤］是幼君；［寄］也是付托的意思；［百里］是侯国；［命］是政令；［大节］是大关系处；［与］是疑词；［也］是决词。

曾子说："天下之言成德者，期于君子。然才者德之用，节者德之守。二者兼备，而后为德之成也。若有人于此，不但可辅长君而已，虽亲受顾命，把六尺幼冲之君付托与他，亦可以承受而辅佐之。既能保卫其国家，而又能养成其令德，不但可共国政而已。虽侯国无君，把一国之政令委寄予他，亦可以担当而总摄之。既能安定其社稷，而又能抚辑其人民，其才之过人如此！至于事变之来，国势仓皇，人心摇动，其从违趋避，乃大节之所关也。其人临此时，而所以辅幼君、摄国政者，卓乎见理之精明，确乎持志之坚定，惟以义所当然为主，虽议论纷沓，终不能摇；虽死生在前，亦不能夺。其节之过人又如此。若此人者，果可谓之君子人乎？吾知既有其才，又有其节，信非君子不能也。"

然是人也，自学者言，则为君子；自国家言，则所谓社稷之臣者也。盖有才无节，则平居虽有干济之能，而一遇有事，将诡随而不能振；有节无才，则虽有所执持，而识见不远，经济无方，亦何益于国家之事哉？所以人君用人，于有才而未必有节者，则止用之以理繁治剧；于有节而未必有才者，则止用之以安常守法。至于重大艰难之任，则非才、节兼备之君子，不可以轻授也。

【编者按】

可托孤者忠诚；可寄命者能臣；大节不可夺者为刚烈志士。遇此等人物自当为之击节浮白。可惜此等人须向文学丛中去寻寻觅觅了。仔细想来，人心虽不古，世人似仍不可一概而论之。大树不倒，总有根基在守护；民族不亡，全赖脊梁在支撑。

六十五、君子"任重"：以仁为己任；"道远"：死而后已

曾子曰："士不可以不弘毅，任重而道远。仁以为己任，不亦重乎？死而后已，不亦远乎？"

——《论语·泰伯第八》

【张居正直解】

〔弘〕是宽广；〔毅〕是强忍；〔任〕是责任；〔道〕字解作"路"字。

曾子说："士立身于天地间，要为圣为贤，必须有大涵养，方才做得。故规模广大，心不安于自足，叫作弘，不弘则隘矣。执守坚定，事必期于有终，叫作毅，不毅则馁矣。士岂可以隘焉而不弘，馁焉而不毅哉？所以然者为何？盖以士所负之任甚重，而其所行之路又甚远也。惟其任之重，必弘而后能胜其重；惟其道之远，必毅而后能致其远，此所以不可不弘毅

也。然果何以见其任之重而道之远？盖仁者，人心之全德，兼众理，备万善者也。士乃以之为己任，必欲身体而力行之，则是举天下之善，尽万物之理，皆在于我之一身，其任不亦重乎？且其任是仁也，直至没身而后已，若一息尚存，此志亦有不容少懈者，则是向前策励再无可驻足之时，其道不亦远乎？"

夫其任重而道远如此，此士之所以贵弘毅也。大抵孔门为学，莫要于求仁。而仁之为道，则非全体不息者，不足以当之。惟其全体也，则无一理之不该，所以不可不弘；惟其不息也，则无一念之间断，所以不可不毅。这正是曾子平生所学得力处，故其示人亲切如此。

【编者按】

以仁为己任，故任重；死而后已，故道远。唯弘忍以负重，沉毅而致远。

六十六、大君子"四绝"：
无揣、无必、无执、无偏

子绝四：毋意，毋必，毋固，毋我。

——《论语·子罕第九》

【张居正直解】

〔绝〕是绝无；四个〔毋〕字都与有无的"无"字同；〔意〕是私意；〔必〕是期必；〔固〕是执滞；〔我〕是私己。

门人记说：吾夫子应事接物，其所绝无者有四件。四者为何？意、必、固、我是已。盖人心本自虚明，只为物欲牵引，便不能随事顺应。如事之未来，先有个臆度的心，这叫作意。又有个专主的心，这叫作必。事已过去，却留滞于胸中不能摆脱，这叫作固。只要自己便利，不顾天下之公理，这叫作我。此四者，人情之所不能无也。若我夫子，则廓然大公，物来顺应，未事之先，无有私意，亦无有期必；既事之后，未尝固执，亦未尝私己。其心如镜之常明，略无一些蔽障，如称之常平，略无一毫偏着，所谓绝四者如此！

然是四者，非圣人不能尽无。若人能随事省察，克人欲而存天理，则亦可由寡以至于无，而入于圣人之域矣。先儒说：忘私则明，观理则顺。此学圣人者所当知。

【编者按】

孔子弟子称其为"大君子"。说他有四个"绝无"：事先不揣测什么；不期望一定要怎样；事过后不固执什么；不偏私不唯我。

六十七、大君子之聪明起于卑贱而非天纵

太宰问于子贡曰："夫子圣者与？何其多能也？"子贡曰："固天纵之将圣，又多能也。"子闻之，曰："太宰知我乎。吾少也贱，故多能鄙事。君子多乎哉？不多也。"

——《论语·子罕第九》

【张居正直解】

［太宰］是官名。

当时有个太宰，曾问于子贡说："吾闻无所不通之谓圣。今观夫子其殆所谓圣者与？不然何其多才多艺，而无所不能也？"夫以多能为圣，则其知圣人亦浅矣。

［纵］字与"肆"字一般，是无所限量的意思；［将］字解作"使"字；［又］是兼而有之。

子贡答太宰说："汝以多能为圣乎？不知圣之所以为圣者，固在德而不在多能也。且如天生圣贤都各有个分量，独吾

夫子则德配天地，道贯古今，自生民以来未有如其盛者。是乃天纵之而使圣，未尝有所限量。德既造于至圣，则其才自无所不通，所以又兼乎多能耳。然则多能乃圣之余事，而岂足以尽夫子之圣哉？"子贡之言，盖智足以知圣人者也。

孔子闻太宰、子贡问答之言，固不敢以圣自居，又恐人遂以多能为圣，乃自明其意说："太宰谓我多能，其知我所以多能之故乎？盖我少时贫贱，既无官守，又无言责，故得以从容游艺，于凡礼、乐、射、御、钓弋、猎较之类，一一皆习而通之，遂多能此鄙细之事耳！非以圣而无不通也。且君子之道其果贵于多能乎哉？夫世间有大学问，有大事业，君子惟于其大者求之，必不以此多能为贵也。君子既不贵于多能，又可以是为圣哉？然则以我为圣，固不敢当。而以圣在多能，尤失之远矣！"

【编者按】

君子所求者大，而不在多能。但世间人能居君子之位、之俸的又有多少呢？芸芸众生还是要以技与能去建功立业、安身立命。千万别以为社会是福利院。

六十八、"后生可畏"、亦不足畏

子曰："后生可畏，焉知来者之不如今也？四十、五十而无闻焉，斯亦不足畏也已。"

——《论语·子罕第九》

【张居正直解】

［后生］是少年的人；［畏］是敬畏；［闻］是以善闻于人。

孔子说："后生的人，其势可畏。盖其年纪富盛，而为学有余日，精力强壮，而为学有余功。若能进而不止，则为圣为贤，皆未可量，安知其将来不如我之今日乎？此所以可畏也。然其可畏者，正以其他日之有进耳，若学力不加，蹉跎岁月，直到四十、五十之年，而尚不以善闻于人，则亦不足畏也已。"

盖四十、五十乃君子道明德立，学有成效之时，于此而犹

138

无可称，则终不免为庸人之归而已，又何足畏之有？可见人之进德修业，当在少壮之时，若少不加勉，则英锐之年，不可常保，迟暮之期，转盼而至。虽欲勉强向学，而年力已衰，非复向时之有得矣，悔之亦何及哉？古语说，少壮不努力，老大徒伤悲。是以大禹惜寸阴，高宗务时敏，欲为圣帝明王者尤所当汲汲也。

【编者按】

　　人的后半生是躺在前半生所搭建的屋子里过日子的。所以人说二三十岁以前不"愤青"，这辈子就完了；到了三十岁还在"愤青"，那这辈子就彻底完了。少年人千万别浪费了创造生活的好时光，享受生活的事来日方长。

六十九、人贵明辨是非、闻劝而改

子曰："法语之言，能无从乎？改之为贵。巽与之言，能无说乎？绎之为贵。说而不绎，从而不改，吾末如之何也已矣。"

——《论语·子罕第九》

【张居正直解】

［法语之言］是直言规谏；［改］是改正；［巽与之言］是委曲开导；［绎］是寻思；［末］字解作"无"字。

孔子说："进言者固当因人而施，听言者必当虚己而受，且如我见人有过，将直切的言语明白规正他，叫作"法语之言"。这样言语说得道理既明快，利害又激切，人之听之，必且肃然起敬，能不畏而从我乎？然不贵于徒从而已，必须因我之言，一一反求，有不是处，随即改正，不肯畏难苟安，这才是能受直言的人，所以可贵也。见人有过，将道理的言语委曲开导他，叫作"巽与之言"。这样的言语说得情意既婉转，词气又和平，人之听之，必且怳然有寤，能不说（悦）而受我乎？然不贵于徒说而已，必须因我之言细细寻思，想我的微意所在，时常体贴玩味，这才是乐闻善言的人，所以可贵也。若一时喜说，而不能绎思其理，外面顺从而不能自改其过，则虽正直规谏之论，日陈于前，委曲开导之语，日接于耳，终不足以开其昏迷，救其过失。我亦将奈之何哉？"

盖人有不闻善言的，犹望其闻而能悟。今既顺从喜说，有挽回开导之机了，却依旧不能改绎，与不曾闻的一般，则虽言亦何益乎？所以说吾末如之何也已矣，亦深绝之词也。按孔子此言，乃人君听言之法。盖人臣进言最难，若过于切直，则危言激论，徒以干不测之威，若过于和缓，则微文隐语，无以动君上之听。是以圣帝明王，虚怀求谏，和颜色而受之。视法言则如良药，虽苦口而利于病，视巽言则如五谷，虽冲淡而味无穷，岂有不能改绎者乎？人主能如舜之好察迩言，如成汤之从谏弗咈，则盛德日新，而万世称圣矣。

【编者按】

人言：听人劝，吃饱饭；不听人言，吃亏在前。而那些刚愎自用之人，哪个能听得进他人的直言、善言、真话？所以齐桓公九合诸侯一匡天下，却被几个亲信歹人禁闭饿死尸臭虫流。

七十、三军可夺帅，匹夫不可夺志

子曰："三军可夺帅也，匹夫不可夺志也。"

——《论语·子罕第九》

【张居正直解】

一万二千五百人为［军］，大国则有三军；［帅］是主将；［匹夫］是一匹之夫，言其微也。

孔子说："人莫贵于立志，志苟能定，则主宰在我，天下莫之能夺，且以势之难夺者言之。今以三军之众，拥护一主将，若有不可犯者，然三军虽众，其勇在人。在人则势有时而不合，心有时而不齐。故能以智胜者，可以伐其谋，能以力胜者，可以挫其气。谋败气摧，则主将可擒矣，是至难夺者尚有可夺也。若乃一匹之夫，自持其志，势孤力独，似无难夺者。然匹夫虽微，其志在己，我自家所守要如此，虽千万人无所用其力，故欲困之以危辱，则不过屈其身耳，而心固不可回。欲临之以威武，则不过戕其生耳，而意固不可转，有终不得而夺之者矣。"

夫以匹夫之志胜于三军之帅如此，则志之于人岂不大哉？所以为学而有志于圣贤，则便可以为圣贤，为君而有志于帝王，则便可以为帝王。盖其机在我，夫孰得而御之？是以君子贵立志也。

【编者按】

一个"志"字，学问大了。你可以夺我之命，但改不了我的志之所在。士子之心为志，但士子之志多所固执，徒有虚名而已。此种人最为讨厌。能坚守做人底线，不失人之良知足矣。

七十一、君子"不忮不求"，
子路终身诵之

子曰："衣敝缊袍，与衣狐貉者立，而不耻者，其由也与？'不忮不求，何用不臧？'"子路终身诵之。子曰："是道也，何足以臧？"

——《论语·子罕第九》

【张居正直解】

　　［衣］是著衣；［敝］是坏；［缊袍］是絮麻的衣服，服之贱者；［狐貉］是二兽名，其皮可以为裘，乃服之贵者；［由］是孔子弟子仲由。

　　孔子说："凡人不戚戚于处贫，则汲汲于求富。故贫富相形之际未有不动心者，若是身上穿着敝坏的粗袍与那穿着狐貉贵服的人并立，而其心恬然不以为耻，其惟仲由之为人也与？"盖仲由识见已进于高明，志趣不安于卑陋，故能有以自重，而不动心于贫富之间如此。

［忮］是妒忌的意思；［求］是贪求；［臧］字解作"善"字。

孔子称许仲由，又引诗词证之说道："卫风之诗有云：人之处世，若能于人无所忮忌，于物无所贪求，则其心无累，而人已咸得矣，将何所用而不善乎？若此诗者，仲由足以当之矣。"盖贫与富相形，强者必忮，弱者必求。今由也能不耻己之无，不慕人之有，则其无忮求之心可知，斯可以为善也已。然孔子以是许子路者，盖欲因是而益求其所未至也，乃子路则遂将这两句诗词常常讽咏，终身诵之，是自喜其能，而不复求进于道矣。故孔子又勉励之说："道不容以易求，学不可以自足，这不忮不求，固是道理所在，然亦不过自守之一端耳。若论终身学问，自有广大高明，精微纯粹的道理，这诗人所言何足为善乎？汝当勉力进修，以求至于尽善之地可也。"昔子贡以无谄无骄为至，而夫子益之以乐而好礼；子路以不忮不求自足，而夫子抑之以何足以臧：皆取其所已能，而勉其所未至也。

【编者按】

为人能达不忮不求之境，已属难能。不妒忌他人则心自安气自平，不贪婪不奢求自然知足常乐，人到无求品自高。

七十二、君子松柏志，岁寒而后凋

子曰："岁寒，然后知松柏之后凋也。"

——《论语·子罕第九》

【张居正直解】

［岁寒］是岁暮之时，天气寒冷；［凋］是凋零。

孔子有感于当时风俗颓靡，思见特立之君子，故比喻发叹以励学者，说道："春夏和暖之时，万物长养，草木无不畅茂，松柏也不过如此，未见其刚坚有操也。惟当隆冬岁暮之时，寒风凛冽，生意憔悴，草木无不萎死零落者。而松柏乃独挺然苍秀，不改其常。到这时候，然后知其有孤特之节，不与众草而俱凋也。"

盖治平之世，人皆相安于无事，小人或与君子无异，至于遇事变、临利害，则或因祸患而屈身，或因困穷而改节，于是偷生背义，尽丧其生平者多矣。独君子挺然自持，不变其旧，威武不能挫其志，死生不能动其心，就是那后凋的松柏一般。所以说士穷见节义，世乱识忠臣，必至此而后知也。知松柏之后凋，则虽春夏之时，亦不可等松柏于他物。知君子之有守，则虽治平之世，亦不可视君子如常人。如必待有事，然后思得君子而用之，岂不晚哉？

【编者按】

沧海横流，方显英雄本色；利害面前，才见人之节操。

七十三、"克己复礼"：中国人
当下最要紧的两件事

颜渊问仁。子曰："克己复礼为仁。一日克己复礼，天下归仁焉。为仁由己，而由人乎哉？"颜渊曰："请问其目。"子曰："非礼勿视，非礼勿听，非礼勿言，非礼勿动。"颜渊曰："回虽不敏，请事斯语矣。"

——《论语·颜渊第十二》

【张居正直解】

［仁］是本心之全德；［克］是胜；［己］是人心之私欲；［礼］是天理之节文；［归］字，解作"与"字。

昔孔门之学，以求仁为要，故颜渊问于孔子说："如何可以为仁？"孔子教之说："仁，心德也。心德在人，本无不具，就中件件都有个天理当然之则。所谓礼也，人惟累于己

148

私，不能自克，把这礼丧失了，故流于不仁耳。为仁者，必须从心上做工夫，但有一些己私，便都着力克去，务使一私不存，而念念事事，依旧复还乎天理当然之则，则本心之德全，而仁不外是矣。然这个道理，乃天下人心所同具的，果能于一日之间，己无不克，礼无不复，而先得乎人心之所同然，则天下莫不翕然称许其仁。盖秉彝好德，其理固有然者，其效之甚速而至大也如此。然事之由己者易，由人者难。今己，是自家的私欲，礼，是自家的天理，其克其复，皆由于我，亦为之而已，而岂由人乎哉？其机之在我而无难也如此。"孔子以是告颜渊，所以勉之者至矣。然要之尧舜相传心法，亦不过如此。

盖所谓人心惟危，即是己也；所谓道心惟微，即是礼也；所谓精一执中，即是克复为仁之功，初无二理也。然则欲纯全乎尧舜之仁者，可不服膺于孔子之训哉！

［目］是条件；［勿］是禁止之词；［敏］是明敏；［请事］是奉行的意思；［斯语］指"非礼勿视"四句说。

颜渊闻孔子克己复礼之训，其于天理人欲之际，已判然矣，故不复有疑而直请问说："克己复礼，用功的条目何如？"孔子告之说："人生而静，天之性也，感物而动，则不能不发见于视听言动之间。然视听言动，皆有个自然的天则，是即所谓礼也。才涉非礼，便是己私，故必谨于萌动之初，制于未发之始。视必以礼，而一毫非礼，即禁止之于心而勿视；听必以礼，而一毫非礼，即禁止之于心而勿听；言必以礼，而一毫非礼，即禁止之于心而勿言；动必以礼，而一毫非礼，即禁止之于心而勿动。夫非礼皆已也，于此而禁之，皆克已也。已克，则礼复，而仁在是矣。所谓克已复礼为仁者如此。"

颜渊一闻孔子之教，便直任之，说道："人必才质明敏，方能造道。回虽不敏，然夫子之教可循也。请从事此言，务克去其视、听、言、动之私，以复于天理节文之内，使本心之德，复全于我而后已，岂敢自诿于质之不敏，以负夫子之教哉！"盖颜子自量其力之可至，故直任之而不辞如此。

【编者按】

颜渊似乎第一次向老师发问，却似乎不是为了解惑求疑，而是向孔子表态自己要以克己复礼为己任。中国人当下最需要的两件事一是克己——不要私心太重；一是"复礼"——懂礼貌讲谦让。

七十四、无怨在于敬恕；己不欲勿施人

仲弓问仁。子曰："出门如见大宾，使民如承大祭。己所不欲，勿施于人。在邦无怨，在家无怨。"仲弓曰："雍虽不敏，请事斯语矣。"

——《论语·颜渊第十二》

【张居正直解】

［仲弓］是孔子弟子冉雍的字；［大宾］是有德位的宾客；［大祭］如郊祭、庙祭之类。

仲弓问于孔子说："如何可以为仁？"孔子教之说："为仁之道，不外于存心；存心之要，惟在于敬恕而已。夫人见大宾无不起敬者，若于出门易忽之时，也俨然如见大宾的一般，则无一时之敢忽可知；承大祭无不致敬者，若于使民易慢之际，也肃然如承大祭的一般，则无一事之敢慢可知，是之谓敬也。人以非礼之事加我，我不欲也，若我以此加人，人亦不欲也。必推己之心，度人之心；不欲人之加诸我者，亦不以之加诸人焉，是之谓恕也。夫能敬，则私意无所容，而仁之体以立；能恕，则私意无所杂，而仁之用以行。由是外而在邦，上下莫不相安，何怨之有？内而在家，宗族莫不相悦，何怨之有？主敬行恕，而至邦家无怨，则心存理得而仁在是矣。"

仲弓闻夫子之教，遂直任之说道："人须是才质明敏者，方能体道。雍虽不敏，然夫子之教切至如此，敢不以敬恕之功自尽，以无怨之效自考，而期无负于夫子之明训哉！"盖仲弓自量其力之可至，故勇于自任如此。

【编者按】

仲弓能以"敬恕之功"而收"无怨之效"，足可为今人戒鉴。而我们的社会却好像正在滋生着一批批的无知而自私的叛教者、野蛮人。很难在他们身上发现有多少美好的东西。现代社会自不需要朝圣者、拜教者，但总还需要人际礼敬之文明吧？执政当权者不可忽略根本之德教。

七十五、说易做难，君子不轻言妄语

司马牛问仁。子曰："仁者其言也讱。"曰："其言也讱，斯谓之仁矣乎？"子曰："为之难，言之得无讱乎？"

——《论语·颜渊第十二》

【张居正直解】

［司马牛］是孔子的弟子，名犁；［讱］是坚忍不轻发的意思。

司马牛问说："如何可以为仁？"孔子教之说："子欲知所以为仁，当自言不妄发始。盖人惟心有不存，故言语每有伤易伤烦之病。惟仁者涵养深沉，措辞简默，其于言语，若有所忍而不敢以轻发焉者。子欲为仁，亦惟致谨于斯可矣。"

司马牛又问说："仁道至大，只这言不轻发，便可以为仁矣乎？"孔子又告之说："这讱言，不是容易的事。盖人惟其心之放也，故率意而妄为；惟其为之妄也，故肆言而无忌。若夫仁者，则心存而不放，故于临事之际，必熟思审处，其难其慎，不肯以苟且为之。是以言必虑其所终，行惟恐其不掩，出诸口者，自然不敢轻易，又安得而不切乎？是其言之切者，由于为之难；为之难者，本于心之存。心存则理得，而仁不外是矣，岂可以为易而少之哉？"夫子以牛心放而言躁，故反复晓告如此，盖约之使求仁于心也。

【编者按】

妄心一生，必有妄言、妄行，做人还是老实一点的好。所谓"老实人常在"，无非是讲不虚言妄行者得人信任喜爱，大言、轻方、妄言、肆言者，多受人轻鄙，甚至败事、败家、败身。人还是要做得比说得好才好。万不可图一时之快、之宠显。

七十六、君子内省无疚，何忧何惧

司马牛问君子。子曰："君子不忧不惧。"曰："不忧不惧，斯谓之君子已乎？"子曰："内省不疚，夫何忧何惧？"

——《论语·颜渊第十二》

【张居正直解】

〔君子〕是成德之人；〔忧〕是忧愁；〔惧〕是恐惧；〔内省〕是自家省察于心；〔疚〕是病。

司马牛问于孔子说："学也者，所以学为君子也，不知君子之人何如？"孔子告之说："成德之人，心常舒泰，绝无忧愁恐惧之私，人能如是，斯可以为君子矣。"司马牛说："君子之道大矣，只这不忧不惧，便可谓之君子矣乎？"夫子又教之说："不忧不惧，未易能也。盖凡人涵养未纯，识见未定，祸福利害皆足以动其心。所以未事则多疑虑，临事则多畏缩，此忧惧之所由生也。惟君子平日为人，光明正大，无一事不可对人言，无一念不可与天知，内而省察于心，无有一毫疚病。故其理足以胜私，气足以配道义，纵有意外之患，亦惟安于命而已，夫何忧何惧之有？此非自修之功，已造于成德之地者不能。汝何疑其不足以尽君子乎？"

按：司马牛因其兄桓魋作乱，常怀忧惧，故孔子开慰之如此。然内省不疚，实自常存敬畏中来，非徒悍然不顾而已。况人君居艰难重大之任，自非忧勤庶政，治民祗惧，其何以永贻四海之安，长享天下之乐哉？故兢兢业业，人主不可不加内省之功也。

【编者按】

为人不做亏心事，半夜不怕鬼敲门。从政为官尤以此为要。官船登之不易，下船更觉不易。有不愿下船的；有不敢下船的；有下不来船的；还有下船登陆后翻车的。官人无远虑必有后忧。

156

七十七、礼敬于人，何忧四海之内无兄弟

司马牛忧曰："人皆有兄弟，我独亡。"子夏曰："商闻之矣：死生有命，富贵在天。君子敬而无失，与人恭而有礼，四海之内，皆兄弟也。君子何患乎无兄弟也？"

——《论语·颜渊第十二》

【张居正直解】

〔商〕是子夏的名；〔无失〕是无间断；〔有礼〕是有节文。

昔司马牛之兄桓魋，为乱于宋，而其弟子颀、子车，亦与之同恶。司马牛虑其得祸，故忧愁说道："兄弟无故，乃天伦之真乐也。今人皆有兄弟，相安相乐，丁无事之天；而我之兄弟，独不得以相保，岂不大可忧乎？"

子夏闻其言而宽解之说道："商也尝闻诸夫子矣，人之或

死或生，是从命里生定的，非今之所能移；人之或富或贵，是皆天所赋予的，非我之所能必，但当顺受之而已。若夫兄弟之有无。固天也、命也，忧之亦无益也。君子亦惟以天命自安，而修其在我所当自尽者耳。诚能持己以敬，而内外动静，无间其功，接人以恭，而亲疏贵贱，皆合乎礼，则盛德所感，人人皆知爱敬，四海之内相亲相保，就似同胞的一般，何所往而非兄弟也。然则君子患不能自修耳，又何患乎无兄弟耶？"子夏欲以宽司马牛之忧，故为是不得已之词。然要之至理，亦不外此。

【编者按】

司马氏兄弟四人，三人为恶，司马牛一人独安，一母所生而差别如此之大，君子正人也当慎近朱墨。司马牛可谓蓬生麻中，三兄弟则如白沙在涅吧！而司马牛之忧正所谓兄弟如手足之亲，打断骨头连着筋。

七十八、文与质：去掉毛的虎皮 与狗皮无异

棘子成曰："君子质而已矣，何以文为？"子贡曰："惜乎！夫子之说君子也，驷不及舌。文犹质也，质犹文也。虎豹之鞟，犹犬羊之鞟。"

——《论语·颜渊第十二》

【张居正直解】

[棘子成]是卫大夫；[质]是质朴；[文]是文采；[驷]是四马；皮去毛的叫作[鞟]。

昔棘子成厌周末文盛，人皆习于利巧，而无忠信之意，故立论说："君子之行己应务，惟当存其本质，不失了原来真意就是了，何必缘饰文采，以眩观美，反使实意之不存乎？"子贡闻而正之说："今时方逐末，人皆不知有质。吾子之说，意在崇本抑末，乃君子之道也。惜乎发言太易，不无矫枉过正之

失，既已出于舌，虽四马不能追及之矣。盖人之为道，无质不立，无文不行，是文也与质一般，质也与文一般，可相有而不可相无。君子小人之所以辨者，正在此也。若尽去其文，徒存其质，则君子小人混而无辨，就如虎豹之鞟和那犬羊之鞟，都是一般，看不出好歹了。盖虎豹之皮，所以异于犬羊者在于毛；君子之人，所以异于小人者在于文，然则文岂可以遂废哉？"

夫棘子成矫当时之弊，固失之过，而子贡矫子成之弊，又无本末轻重之差，胥失之矣。若求其尽善而无弊，则必如孔子所谓文质彬彬，乃为定论也。

【编者按】

太讲究文饰的人应大补本质，皮之不存，毛将焉附？太注重实质而轻视形式的人，应讲究一点文饰，没有了毛的虎皮仍旧是虎皮，但谁能相信呢？也许真的会把它当成猪、狗、羊的皮。

七十九、君子成人之美，而挽人之恶

子曰："君子成人之美，不成人之恶。小人反是。"

——《论语·颜渊第十二》

【张居正直解】

这是孔子论君子小人用心之不同。说道："君子见人行一件好事，便诱掖之以助其所不及，奖劝之以勉其所欲为，务期以成就其美而后已。若见人行不好的事，则规诫以晓其惑，沮抑以挽其失，务期以改易其恶而后已。"

盖君子之心，有善而无恶，故见人之善，其心好之，惟恐其志之不坚而行之不力也；见人之恶，若身有之，惟恐其名之玷而身之辱也。小人则不然，见人之为恶，则迎合容养以成其为恶之事；见人之为善，则忌克诋毁以阻其为善之心。盖小人之心，有恶而无善，故见人之恶，即喜其与己同，惟恐其不党于己也；见人之善，即恶其与己异，惟恐其或胜于己也，其用

161

心之相反如此。是以国家用一君子，则不止独得其人之利，而其成就天下之善，为利更无穷也。用一小人，则不止独被其人之害，而其败坏天下之善，为害更无穷也。人君可不审察而慎用之哉！

【编者按】

张居正论小人之心，鞭辟入里，入木三分。而今日之社会群体中，小人何其多也？想独善其身也难。今日之人必具有强大的生存承受力。为官当途者当大力弘扬浩然之风、之正气。不惟在道德层面上来解决问题，亦应立法治之，有道是民随王法草随风，小人不治不止，君子何以行？

八十、劝人向善不可则止，免取其辱

子贡问友。子曰："忠告而善道之，不可则止，无自辱焉。"

——《论语·颜渊第十二》

【张居正直解】

［忠告］是见人有过，尽心以告戒之；［善道之］是委曲开导。

子贡问处友之道，孔子告之说："友所以辅仁者也，若见人有过，而不尽心以告语之，则己之情有隐；忠告而非善道，则人之意不投，皆非善处友者也。故凡过失当规者，务用一点相爱的实心以告劝之，而又心平气和，委曲开导，不径直以取忤，如此，则在我之心无不尽矣。至于听不听，则在彼也。若其蔽锢执迷，终不肯从，则当见几知止，无徒以数见疏，而自取辱焉。"

盖朋友以义合者也。合则言，不合则止，乃理之当然者。
处友者知此，交岂有不全者乎？

【编者按】

　　天下人没有愿听别人劝的。朋友之道，不劝不为友，但劝
而不改，便听之任之，亦不失为友。好朋友也不能总说"坏
话"，否则朋友便做不成了。

八十一、君子以文会友，以友辅仁

曾子曰："君子以文会友，以友辅仁。"

——《论语·颜渊第十二》

【张居正直解】

[文]是《诗》、《书》、六艺之文；[友]是朋友；[辅]是相助的意思；[仁]是心之全德。

曾子说："君子之学，所以求仁也，苟无朋友以辅助之，固不足以有成。然使会友而不以文，则群居终日，言不及义，亦不足以辅仁矣。故君子之会友也必以文，或相与读天下之书，以考圣贤之成法，或相与论古今之事，以识事理之当然，庶乎日有所讲明，不徒为会聚而已。于是乃以友而辅仁，过失赖其相规，德业赖其相劝，取彼之善，助我之善，务使吾德之修，因之而益进焉，庶乎相与以有成，不徒为虚文而已。"

夫以士人之力学，尚必资于友如此，若夫人君资臣下以纳诲辅德，尤莫有要焉者。使能听之专而行之力，则其益当何如哉！

【编者按】

"以文会友"指切磋技艺、琢磨道理来交友，以别于酒肉朋友。而交友之目的，则在于互相帮助，共同进步。而今似已无友可交，无论商场、情场、学场、职场，几乎多为冷漠者、自私者、势利者、现实者所充斥。

八十二、无恒心不可为巫医，
"百密一疏"害人定律

子曰："南人有言曰：'人而无恒，不可以作巫医。'善夫！""不恒其德，或承之羞。"子曰："不占而已矣。"

——《论语·子路第十三》

【张居正直解】

〔南人〕是南国之人；〔恒〕是常久；〔巫〕是巫祝，祝鬼的人；〔医〕是行医的人；〔承〕是进；〔占〕是占卜。

孔子说："南国之人，有常言说道：'凡人之处己处人，皆当有恒久之心。若使人而无恒，处事则或作或辍，而有始无终；处人则一反一覆，而多变难测。这等的人，虽巫医贱役亦不可以为。'"盖巫所以交鬼神，不恒，则诚意不足，而神必不享；医所以寄死生，不恒，则术业不精，而医必不效。南人之言如此。此虽常言，实有至理，不亦善乎！然不独南人有此言，《易经》中《恒卦》九三爻辞也说道："人而不恒其德，则内省多疚，而外侮将至，人皆得以羞辱进之矣。"孔子既引此辞，又说道："《大易》之戒，明显如此，人但不曾玩其占而已矣。苟玩其占，岂不惕然省悟哉。"此可见天下无难为之事，而人贵有专一之心。君子恒其德，则可以为圣贤；圣人久其道，则可以化天下。若以卤莽灭裂之心，而尝试漫为天下之事，是百为而百不成者也。

【编者按】

有志者事竟成，志是一种恒定之心。世间事少有一蹴而就者，水滴石、绳锯木、铁杵磨针都须假以时日，始终不辍，方有石穿、木断、针成之时。而做人则贵有常德，哪怕是"百密一疏"，但恰恰就在这"一疏"上出了漏洞，必受耻辱；或出了大问题，这几乎是让人沮丧，懊悔不及的一种定律。人言不怕一万，就怕万一，讲的也许就是这个道理。

八十三、君子和而不同，小人同而不和

子曰："君子和而不同，小人同而不和。"

——《论语·子路第十三》

【张居正直解】

〔和〕是以道相济，而心无乖戾；〔同〕是以私相徇，而务为雷同。

孔子说："君子、小人，心术不同，故其处人亦异。君子之心公，其与人也，同寅协恭，而绝无乖戾之心。既不挟势以相倾，亦不争利以相害，何其和也。然虽与人和，而不与人同。事当持正，则执朝廷之法，而不可屈挠；理有未当，则守圣贤之道，而不肯迁就。固未尝不问是非而雷同无别也。小人之心私，其与人也，曲意徇物，而每怀阿比之意。屈法以合己之党，背道以顺人之情，何其同也。然外若相同，而内实不和。势之所在，则挟势以相倾；利之所在，则争利以相害。固

169

未尝一德一心，而和衷相与也。"

此可见和之与同，迹同而心异。公则为和，私则为同，此君子、小人之攸分，而世道污隆之所系。欲进退人才者，所宜慎辨于斯也。

【编者按】

和、同二字很难区分，但却是与人相处的最为紧要处。和与不和表面上都要过得去，人与人之间没必要相见眼红；同与不同在心在行，我不与你做坏事是了。和、同都当心知肚明，不害人也不为人所牵所害是了。人无自洁之心则必受污。

八十四、尚德不尚力者可称君子

南宫适问于孔子曰："羿善射，奡荡舟，俱不得其死然；禹稷躬稼，而有天下。"夫子不答，南宫适出。子曰："君子哉若人！尚德哉若人！"

——《论语·宪问第十四》

【张居正直解】

〔南宫适〕即南容；〔羿〕是有穷国之君；〔奡〕是羿臣寒浞之子；〔荡舟〕是陆地行舟。

南宫适问于孔子说："羿善于射，奡能陆地行舟，以力言之，天下无有能过之者矣。然一则为其臣寒浞所杀，一则为夏后少康所诛，皆不得正命而死。禹平水土，稷播百谷，身亲稼穑之事，以势言之，亦甚微矣。然禹则亲受舜禅而有天下，稷之后，至周武王亦有天下。夫以强，则羿奡之亡也如彼；以弱，则禹稷之兴也如此。其得失之故，果安在哉。"南宫适之问，托意甚深，且或有感而发。夫子于此，盖有难于言者，故默然不答，但俟其既出而叹美之说道："自世俗尚力而不尚德，此君子所以不可见，而知德者鲜也。今观适之所言，进禹稷而退羿奡，贵道德而贱权力，则其人品之高，心术之正，可知矣。君子哉其此人乎，尚德哉其此人乎。"再言以赞美之，盖深有味乎其言，且以寓慨世之意也。

【编者按】

恃德者昌，恃力者亡，古今如之。商纣、智伯、项羽都有超人之力，五霸七雄嬴秦都是一时之强，都是短命亡国之辈。刘备不过是一个卖草鞋的，周文王不过是一个村镇的部落长，至多拥有一县之地，却能于群雄逐鹿中胜出，不外于一个"德"字。

八十五、君子有不仁时，小人注定不仁

子曰："君子而不仁者有矣夫，未有小人而仁者也。"

——《论语·宪问第十四》

【张居正直解】

孔子说："仁者，心之德。心存则仁存，心放则仁失。然存之甚难，失之却易。如君子之心纯乎天理，固宜无不仁也。然毫忽之间心不在焉，则人欲有时而窃发，天理有时而间断，间断即非仁矣。所以君子而不仁者尚有之也。若夫小人，则放僻邪侈之心滋，行险侥幸之机熟，纵有天理萌动之时，亦不胜其物欲攻取之累矣，岂有小人而仁者哉。"

夫人而不仁，不可以为人，则小人固当为戒。然以君子而尚有不仁焉，则操存省察之功，盖不可一时而少懈矣。

【编者按】

君子既有不仁时，不仁处，那么小人似乎也当有仁时、仁处。唐太宗放假回乡的死囚与唐山大地震中救灾的囚犯就有许多相同的仁义之处。

八十六、爱子者教其勤劳，忠君者谏其仁德

子曰："爱之，能勿劳乎？忠焉，能勿诲乎？"

——《论语·宪问第十四》

【张居正直解】

〔劳〕是劳苦之事；〔诲〕是规谏之言。

孔子说："天下有甚切之情，则有必至之事。父母之于子，有以姑息为爱而骄之者矣。骄则将纵其为恶以取祸败，此乃所以害之，非所以爱之也。若慈亲之于子也，爱之也切，则其为虑也远。或苦其心志，或劳其筋骨，禁其骄奢淫佚之为，而责之以忧勤惕厉之事。盖其心诚望之以为圣为贤，故自不肯以姑息豢养而误之。是劳之者，正所以成其爱，爱之能勿劳乎？臣之于君，有以承顺为忠，而谀之者矣。谀则将陷君子有过，以致覆亡，此乃所以戕之，非所以忠之也。若忠臣之事君

也，其敬之也至，则其为谋也周。或陈说古今，或讥评时事，不避夫拂意犯颜之罪，而务竭其纳诲辅德之忱。盖其心诚望其君以为尧为舜，故自不忍以缄默取容事之。是诲之者，正所以忠之也，忠焉能勿诲乎？"

夫知爱之必劳，则为子者不可以惮劳，惮劳，非所以自爱也。知忠之必诲，则为君者不可以拒诲，拒诲，非所以劝忠也。君臣父子之间，贵乎各尽其道而已。

【编者按】

为父母者多骄纵惯养子女，为人臣者多顺情好话溜须拍马。古往今来大抵如此，人性使然，不要希望有多大改变。希望唯在为人子为人君者的自觉、自知程度了。

八十七、见利思义，见危授命，久不忘诺是完人

子路问成人。子曰："若臧武仲之知，公绰之不欲，卞庄子之勇，冉求之艺，文之以礼乐，亦可以为成人矣。"曰："今之成人者何必然？见利思义，见危授命，久要不忘平生之言，亦可以为成人矣。"

——《论语·宪问第十四》

【张居正直解】

［成人］是完全成就的人；［臧武仲］是鲁大夫，名纥；［公绰］即前章孟公绰；［不欲］是廉洁无欲；［卞庄子］是卞邑大夫，力能刺虎；［冉求］是孔子门人冉有；［艺］是多才能。

子路问于孔子说："人以一身参于三才，必何如然后可以为全人，而立于天地之间乎？"孔子说："人之资禀，庸常者多，高明者少，或虽有高明之资，而不学不知道，往往蔽于气

禀之疵，而局于偏长之目，此世所以无全人也。若似臧武仲之智识精明、孟公绰之廉静寡欲、卞庄子之勇敢有为、冉求之多才多艺，其资禀才性固已有大过人者矣。又能各就其所长者，而节之以礼，去其过中失正之病，和之以乐，消其气禀驳杂之疵，则智足以穷理，而不流于苛察；廉足以养心，而不失于矫厉；勇足以力行，而不蔽于血气；艺足以泛应，而不伤于便巧。譬之美玉而又加之以砻琢，良金而又益之以磨炼，斯可以为成人矣。"惜乎四子之未能也，盖子路忠信勇敢，有兼人之才，所少者学问之功耳，故夫子以此勉之。

［曰］字，还是孔子说；［危］是危难；［授命］是舍了性命；［久要］是旧约；［平生］是平日。

孔子既答子路之问，又说道："吾所谓成人者，自人道之备者言之也。若夫今之所谓成人者，亦何必如此，但能见利思义，而临财无苟得；见危授命，而临难无苟免；与人有约，虽经历岁月之久，而亦不忘其平日之言。有是忠信之实如此，则虽才智礼乐有所未备，而大本不亏，亦可以为成人矣。"此又因子路之所可能者，而告之也。

【编者按】

"成人"，孔子两解：其一，智、勇、廉、艺、礼、乐完备者称"成人"；其二，义理、牺牲、守信三者具而为"成人"。老百姓说"成人"则皆少年长大，开始懂事理、有作为了，便为"成人"。张居正解为"完全之人"。

八十八、"三不苟"者人自不厌其笑、言、取

子问公叔文子于公明贾曰："信乎夫子不言、不笑、不取乎？"公明贾对曰："以告者过也。夫子时然后言，人不厌其言；乐然后笑，人不厌其笑；义然后取，人不厌其取。"子曰："其然，岂其然乎？"

——《论语·宪问第十四》

【张居正直解】

［公叔文子］是卫大夫公孙拔；［公明贾］是卫人。［厌］是苦其多而恶之的意思。

昔卫大夫公叔文子是个简默廉洁的人，故当时以不言、不笑、不取称之。夫子闻而疑焉，乃问于卫人公明贾说："人说汝夫子平日，通不说话，不喜笑，又一毫无取于人，信有之

乎？"公明贾对说："言、笑、取、予，乃吾人处己接物之当，岂有全然不言不笑不取者？此殆言者之过也。盖多言的人，则人厌其言，吾夫子非不言也，但时可以言而后言，言不妄发，发必当理，是以人不厌其言，而遂谓之不言也。苟笑的人，则人厌其笑，吾夫子非不笑也，但乐得其正而后笑，一颦一笑，不轻与人，是以人不厌其笑，而遂谓之不笑也。妄取的人，则人厌其取，吾夫子非不取也，但义所当得而后取，苟非其义，即却而不受，是以人不厌其取，而遂谓之不取也。岂诚不言不笑不取哉。"夫时人之论文子，固为不情之言，而公明贾至以时中称之，尤为过情之誉。故夫子疑而诘之，说道："汝谓汝夫子时言、乐、笑、义取，其果然乎？然此非义理充溢于中而得时措之宜者不能，汝夫子岂真能然乎？"夫不直言其非，而但致其疑信之词如此，圣人与人为善之心，含洪忠厚之道也。

【编者按】

能做到人不厌其言，不厌其笑，不厌其取，则须不苟言、不苟笑，不苟取。公明贾所言为是。

八十九、圣人之心原是"怪"字

子路曰："桓公杀公子纠，召忽死之，管仲不死。"曰："未仁乎？"子曰："桓公九合诸侯，不以兵车，管仲之力也。如其仁！如其仁！"

——《论语·宪问第十四》

【张居正直解】

［公子纠］是齐桓公之弟，齐有襄公之乱，桓公出奔于莒，召忽、管仲奉子纠奔鲁，以与桓公争立。桓公既返国，使鲁杀子纠，而缚管、召以与齐。召忽死之，管仲请囚。既至，桓公释其缚，用以为相。九字，《春秋传》作纠，是督率的意思。子路问说："桓公使鲁杀公子纠，召忽致命而死，于义得矣。彼管仲者，同为子纠之臣，乃独不死，而反臣事桓公，盖忘君事仇，忍心害理之人也，岂得为仁乎？"孔子说："稽古者当论其世，论人者勿求其全。彼桓公当王室微弱，夷狄交侵

之时，乃能纠合列国诸侯，攘夷狄以尊周室。且又不假兵车之力、杀伐之威，只是仗大义以率之，昭大信以一之，而诸侯莫不服从，若是者，皆管仲辅相之力也。使桓公不得管仲，则王室日卑，夷狄益横，其祸将有不可胜言者矣。夫仁者以济人利物为心，今观管仲之功，其大如此，则世之言仁者，孰有如管仲者乎？孰有如管仲者乎？殆未可以不死子纠之一节而遂病之也。"

按：齐世家，桓公兄也，子纠弟也，以弟夺兄，于义已悖。是以忽之于纠，虽有可死之义，而仲之于桓，亦无不可仕之理，况实有可称之功彰彰如是乎。圣人权衡而折衷之，其义精矣。

【编者按】

孔子盛赞齐桓管仲，孟子一体非之。一门二圣也见智见仁，难怪世间人嘴两扇皮。这"怪"字的左边是"心"，右边就是"圣"字，巧了。圣人之心就是"怪"啊！"怪"也无非与众不同，也无甚可怪处。

九十、君子如登山步步自高，
小人如下水污而日下

子曰："君子上达，小人下达。"

——《论语·宪问第十四》

【张居正直解】

［达］是通透的意思。

孔子说："君子之所以为君子，小人之所以为小人，始焉不过一念之少殊，终焉遂至趋向之迥绝，何以言之？天理本自高明也。君子凡有所为，都只循着天理而行，故其心志清明，义理昭著，所知者日以精深，所行者日以纯熟，渐至于为圣为贤，而造位乎天德。譬之登山者，一步高似一步，将日进于高明矣，岂非上达者乎？人欲本自污下也。小人凡有所为，都是一团私欲，故其志气昏昧，物欲牵引，良心则日以丧失，邪行则日以恣肆，渐至于为愚为不肖，而与禽兽不远。譬之凿井

183

者，一步低似一步，将日流于污下而已，岂非下达者乎？欲脱去凡近以游高明者，当知所择矣。"

【编者按】

盘古开辟于混沌之初，清者轻而上升为天，浊者重而下沉为地，所以人言：死后心轻者上天堂，心重者下地狱。无论做人、居官，还是心清为好，心清身自轻，日日在天堂；心浊身自重，天天如地狱。

九十一、悔过者必有所进，谦卑者不掩其美

蘧伯玉使人于孔子。孔子与之坐而问焉，曰："夫子何为？对曰："夫子欲寡其过而未能也。"使者出。子曰："使乎！使乎！"

——《论语·宪问第十四》

【张居正直解】

〔蘧伯玉〕是卫之贤大夫，名瑗；〔使〕是差人。

昔孔子尝至卫，住于卫大夫蘧伯玉之家，既而反鲁，伯玉差人来问候孔子。孔子敬其主以及其使，特命之坐而问之。说道："尔夫子近日在家干些甚事？"使者对说："人不能无过，而贵于能寡。我主人之心时常战战兢兢，省事克己，欲其言皆顺理而寡尤，行皆合宜而寡悔。但人欲难于净尽，天理难于纯全，恒以为学问功疏，未免于有过，此则我主人之所为

也。"使者之言虽愈自卑约，而伯玉好学力行之美，自有难掩者，盖亦善为说辞者矣。故夫子于其既出而称之说道："斯人也，其真可谓使者乎，其真可谓使者乎！"重言而叹美之，盖亦以彰蘧伯玉之贤也。大抵天下之义理无穷，人心之出入无定，故寡过未能，非使者为伯玉谦词，乃真实语也。尧、舜、禹之授受，以为人心惟危，道心惟微，成汤之检身若不及，文王之望道而未之见。古之圣贤，未有不以此存心而成德者，善学者宜加意焉。

【编者按】

越自是者所失越多，人家越不买账；越是谦卑者越受美誉。一个来探视孔子的差人，竟然让他连说"好使者，好使者"，无非周旋得体、会说话而已。这却是人生的一种真功夫——会讲话。

九十二、君子自耻言过其行

子曰："君子耻其言而过其行。"

——《论语·宪问第十四》

【张居正直解】

[耻]是羞耻。

孔子说："人之言行贵于相顾。若喜为高论，轻肆大言，而考其所行未能如是，则为言过其行。究其归，不过便佞小人而已，故君子耻之。以是为耻，则勉不足而谨有余者，自不容不至矣。"

【编者按】

说客一定要做到说的比唱的好听，否则便没人信你；做官的一旦说的没有办到，也就没人再信你。如果根本就没办，那就会被视为骗子。

九十三、君子修己不论人之短长

子贡方人。子曰："赐也贤乎哉？夫我则不暇。"

——《论语·宪问第十四》

【张居正直解】

［方］是比方，子贡平日好比方人物而较其短长，此虽穷理之一事，然专务为此，则心驰于外，而自治之功疏矣。

故孔子反言以警之说："赐也其贤乎哉？盖惟贤者，自家学问工夫极其精密，乃可以其余力而较量他人。若我则以义理无穷，工夫未到，日孜孜焉惟以进德修业，迁善改过为事，方自治之不暇，而何暇于方人哉？"夫方人之事，在圣人犹以为未暇，况学者乎？孔子言此，其所以警子贡者，至深切矣。

【编者按】

居官之人不可于公众场合擅论人之短长。论人之短，或许一语而毁人；论人之长，可能会把他变成了众矢之的。

九十四、君子不患无名，只患无能

子曰："不患人之不己知，患其不能也。"

——《论语·宪问第十四》

【张居正直解】

孔子说："人之处世，常患名誉不彰，人不知己，然此不足患也。惟夫学焉而未能明其理，行焉而未能践其实，此则在己本无可知之具，反之吾心而有歉者，正学者所当患也。今乃不以此为患，而徒患人之不知，何哉？"

【编者按】

桃李不言，下自成蹊；只要会唱戏，何愁没台子？不升职不为耻，不胜职才是难受的事。

九十五、不要先把别人当骗子，遇到却要看清

子曰："不逆诈，不亿不信。抑亦先觉者，是贤乎！"

——《论语·宪问第十四》

【张居正直解】

〔逆〕是事未来而逆料的意思；〔亿〕是事未形而意度的意思；〔诈〕是欺诈；〔不信〕是不实；〔抑〕是反语词；〔先觉〕是无心而自然知觉。

孔子说："人之于己，未必有欺诈之事也，而先意以料之，叫作'逆诈'。人之于己，未必有不信之心也，而先意以猜之，叫作'亿不信'。这等样有心防人，固有幸而中者，亦有诬而枉者，非诚心率物之道也。然虽不为逆亿，而人或得以欺之，则又忠厚太过，甘受人瞒，亦不足为贤也。惟于人之诈者，不必先意以逆之；于人之不信者，亦不先意以度之，而其

诈与不信者之情伪，自能先知之，而不为所眩，斯则虚以应物，知能通微。譬之明镜，虽未尝有心以索照，而人之美恶妍媸，自无遁形，是乃可谓之贤也已。"

盖多疑生于不明，而明者自无所疑，逆诈、亿不信，皆由不明故耳。至明之人，物至即知，孰得而欺之乎？然非有居敬穷理之功，讲学亲贤之助，则此心虚灵之体，未免为物所蔽。欲以坐照天下，亦未易能也。此又事心者所当知。

【编者按】

骗人的事能骗过一个人却骗不过所有人；能骗一时却骗不了一世。世上有骗子首先因为有人会上当，而上当受骗的人多有贪利之心。所谓利欲熏心者就是没人骗自己还往井里跳，何况有诱劝的呢？人一贪利，眼睛就不好使，就心甘受骗。

九十六、千里马脚力再好不驯服
也只有进汤锅

子曰："骥不称其力，称其德也。"

——《论语·宪问第十四》

【张居正直解】

〔骥〕是良马之名；〔德〕指马之调习驯良说。

孔子说："君子之所以见称于世者，不徒以其有可用之才，以其有可贵之德也。譬如马中有骥，其所以见称于世者，不徒以其有驰骤之力，以其有驯良之德也。盖马之任重致远者存乎力，然使虽有力，而不免于蹄啮，难于控御，则亦凡品而已，何得为骥乎？人虽有才，而苟无其德，是亦小人而已，何得为君子乎？故人不可徒恃其才而不修其德，观人者，论其才而又当考其德也。"

【编者按】

千里马自以脚力著称，但不驯服者也不可为用。人也是同样，你有多大本事，如果连踢带咬如野马之劣，也只能让它进汤锅。

九十七、君子"以直报怨，以德报德"

或曰："以德报怨，何如？"子曰："何以报德？以直报怨，以德报德。"

——《论语·宪问第十四》

【张居正直解】

或人问于孔子说："人惟恩怨之心太明，故忠厚风日薄。若于人之有仇怨于我者，我皆忘其怨，而惟以恩德报之，何如？"孔子说："酬恩报怨，也是人道之常；称物平施，乃为事理之当。人之有怨于我者，既以德报之，则人之有德于我者，又将何以报之乎？此于情理乖谬甚矣。必也人之有怨于我者，我则不计其怨，而爱憎取舍，一惟以直道处之。使其人之可爱可取欤，我固不以私怨而昧其与善之公心；使其人之当恶当弃也，我亦不避私嫌而废夫除恶之公典，这是以直报怨。若于人之有德于我者，则必以德酬之，大而捐躯以图报，小而

194

一饭之不忘。虽其中有委曲用情，屈法从厚者，若于直道有背，而揆之天理人情，固亦未为过也，这是以德报德，如是而施报之间，庶为得其平乎。"

　　夫观或人之言，非不近厚，而反不得其平；圣人之论，既得其平，而亦未尝不厚。诚权衡万事者之准也。

【编者按】

　　赞成，夫子不迂不伪。

九十八、君子"不怨天，不尤人，下学而上达"

子曰："莫我知也夫！"子贡曰："何为其莫子知也？"子曰："不怨天，不尤人。下学而上达。知我者，其天乎！"

——《论语·宪问第十四》

【张居正直解】

义理有本末精粗，从下面学起，才到得上面，所以说下学上达。昔孔子道高德厚，不求人知，当时亦罕有知之者，故发叹说："今之人，其莫我知也夫。"子贡问说："夫子之道德高厚如此，何故人都不知夫子？"孔子答说："人之学问，惟是高世绝俗，与众不同，乃可以致人之知，若我则无是也。如穷通得丧，系于天者，我虽不得于天，未尝怨天；用舍予夺，系于人者，我虽不合于人，未尝尤人。只是反己自修，循序渐进。如义理有本末精粗，我只在下面这一层着实用工，使功深力到，将上面这一层渐次通达。譬如登山的，必由卑以至高；如行路的，必自近以及远。这不过职分之当为，进修之常事，无以甚异于人，何足以致人之知哉。惟是心存为己，仰不愧天，或者上天于冥冥之中能知我耳，所以说知我者其天乎？"

盖甚言其必不见知于人也。夫圣人尽性至命，与天合一，其独得之妙，真有人不能知而天独知之者，然下学上达之一言，乃万世学者之准则。人于可知可能者，逐一讲求，则于难知难能者，自然通透，固不当躐等而进，亦不可畏难而止也。有志圣学者，宜究心焉。

【编者按】

孔子前面讲"不患人之不己知""不怨天"，此处则讲"知我者其天乎"，言不由衷。人无怨不可能，贵在不存于心是了。

九十九、贤人知"四避"而不降志辱身

子曰："贤者辟世，其次辟地，其次辟色，其次辟言。"子曰："作者七人矣。"

——《论语·宪问第十四》

【张居正直解】

孔子说："贤者之心，未尝不欲有为于天下，然时不可为，则不得不高蹈远举，避而去之。故有见世之无道，即隐居不仕，而终身以避世者矣；其次有见此邦无道，去而之他邦者，谓之避地；其次有见君之礼貌既衰而去者，谓之避色；其次有因君之议论不合而去者，谓之避言。此皆不降其志，不辱其身者也，世有此人，世道之衰可知矣。"

〔作〕是隐遁。孔子说："当时之君子，不见用于世，作而隐遁者，有七人矣。"七人，今不知其姓名，夫子叹之，盖深为世道虑也。

【编者按】

人才生不逢时、不逢地、不逢礼、不逢人，自当去之而不可勉强自己屈身辱志。但前面讲痛恨隐居遁世之人，此处又称遁世四避者，未免自相唐突。此一时，彼一时吧！

一〇〇、守门人讥孔子"知其不可而为之者"

子路宿于石门。晨门曰:"奚自?"子路曰:"自孔氏。"曰:"是知其不可而为之者与?"

——《论语·宪问第十四》

【张居正直解】

〔石门〕是地名;〔晨门〕是管门启闭的官,盖贤而隐于下位者;〔奚〕字,解作"何"字;〔自〕是从。

昔子路相从孔子周流四方,晚宿于石门。时有守门官问说:"汝从何来?"子路说:"我从孔氏而来。"晨门说:"我闻君子相时而动,邦有道则仕,邦无道则隐。彼孔氏者,既已知时事之不可为,即卷而怀之可也。乃犹遑遑焉奔走四方,必欲有为于天下,其亦不智甚矣。子之所从者,得非此人乎?"

盖讥孔子之不隐也。夫晨门之言，盖亦士君子进退之常。但圣人道高德大，视天下无不可为之时，特时君不能用耳，此又非晨门之所知也。

【编者按】

世无隐者不成其为世；世无圣者不成其为人；世无守门人亦何以成其圣？张居正似无须为圣者辩。知其不可为而为之，自是古今中外悲剧英雄的一大特质，虽可悲，也难得。

一〇一、涉水者当知深浅；
乐此不疲者便是命定

　　子击磬于卫。有荷蒉而过孔氏之门者，曰："有心哉！击磬乎！"既而曰："鄙哉！硁硁乎！莫己知也，斯己而已矣。深则厉，浅则揭。"子曰："果哉！末之难矣。"

——《论语·宪问第十四》

【张居正直解】

　　［荷］字，解作"担"字；［蒉］是草器。

　　昔孔子处春秋衰乱之世，而其康济天下之心，有不能一日忘者。时在卫国，偶然击磬以寓其忧世之心。适有一隐士，担着草器行过孔子之门，闻磬声而知之。说道："有心哉，斯人之击磬乎？"盖人心哀乐之感，每托之乐音以宣其意。夫子忧世之志，寓于磬声之中，隐士贤者故能审音而识其心也。

［硁硁］是小石之坚确者；［深则厉］一句，是《卫风·匏有苦叶》之诗，带衣涉水叫作"厉"，襄衣涉水叫作［揭］。"荷"蒉者闻孔子之击磬，既叹其为有心，乃又讥之说道："斯人也，鄙哉硁硁乎，何其专确固执，而不达夫时宜也。夫君子相时而动，智者见几而作。今世莫我知，道与时违，则亦惟洁身以去乱而已，何为周流四方，可止而不止乎？观诸《卫风》之诗说道：'凡徒步涉水者，遇着水深的去处，则穿着下体之衣而过之；遇着水浅的去处，则揭起下身之衣而过之。'夫涉水者，必视其水之深浅以为厉揭；则君子处世，当视其时之治乱以为进退。今斯人也，世不见知，犹栖栖然而不止，是深不知厉，浅不知揭矣，岂不鄙哉其硁硁乎？"荷蒉之讥孔子如此，是不知圣人之心者矣。

孔子闻荷蒉之言而叹，说："观斯人之言，何其果于忘世哉。夫君子之欲行其道于天下，非以为利也，将以救世也。若只要洁其一身，委而去之，亦有何难？然则荷蒉者之果，我非不能为，直不忍为耳。"盖圣人心同天地，天地不以时之闭塞而废生物之心，圣人不以时之衰乱而忘行道之志，诚上畏天命，下悲人穷，非得已也。彼荷蒉之流，何足以知之。

【编者按】

这是很有点诗意的一段：孔子行道之心不死，击打乐器以宣心声。一个背着草筐走过的人听出了磬中之音，便说道："这个人怎么像这石头一样顽固不化而不合时宜？《诗经》上都说：

过河的人遇到水深处，便合衣而过；遇到浅水便撩衣而过，这个人却如此地不知进退行藏。其实，仔细想来，执着与愚蠢似乎只有一步之隔。人贵人贱难逃乐此不疲。这就是"命"。

一〇二、君子之道虽大，无外于庄敬修身

子路问君子。子曰："修己以敬。"曰："如斯而已乎？"曰："修己以安人。"曰："如斯而已乎？"曰："修己以安百姓。修己以安百姓，尧舜其犹病诸！"

——《论语·宪问第十四》

【张居正直解】

［病］是有歉于心的意思。

子路问说："人必何如而后可以为君子？"孔子告之说："人之为学，不外乎一心而已。能庄敬，则此心惕励，而日进于高明；才安肆，则此心放逸，而日流于污下。必须静而存养，动而省察，使戒慎恐惧之心无时而少懈，则身无不修，而德无不成矣。君子之所以为君子者，以此而已。"子路问说："君子之道大矣，乃止于如此而已乎？"盖以为未足也。孔子说："这敬不但可以成身，乃人己合一之理。诚能敬以修己，

而至于充积之盛，则己正物格，此感彼通。虽推之而至于安人者，亦不外是矣。"子路又问说："君子之道大矣，乃止于如此而已乎？"盖犹以为未足也。孔子说："这敬不但可以安人，乃天下为公之理。诚能敬以修己，而至于充积之盛，则处无不当，感无不通。虽极之而至于安百姓者，亦不外是矣。夫功用至于安百姓，岂易能哉？虽尧舜至圣，以钦明温恭之德，致时雍风动之休，而当时之民亦难保其无一夫之不获，在尧舜之心，犹有歉然不能自宁者矣。夫观尧舜且以为病，则修己以敬，岂不足以尽君子乎？"

按：修己以敬，乃千圣相传之要，而尧舜犹病，实圣人无穷之心。人君诚能法尧舜之敬以修身，而推尧舜之心以图治，何患德不符于二帝，而世不跻于唐虞哉。

【编者按】

为官者当以庄敬修身，以正身正人；有正人然后才有君子。如百姓所言：当官要有个官样。当官的应该是个什么样？就是一个"正"字：正经、正事、正人、正气。做人学懂一个"敬"字，可达人我合一，自少去一半烦恼。

一〇三、孔子怎样整治不知礼节的少年

阙党童子将命。或问之曰："益者与？"子曰："吾见其居于位也，见其与先生并行也。非求益者也，欲速成者也。"

——《论语·宪问第十四》

【张居正直解】

〔阙党〕是地名；〔将命〕是传宾主之言；〔益〕是进益。

昔阙党之中，有童子者求学于孔子。孔子使之答应宾客，而传往来之命。或人问于孔子说："传命亦非易事也。此童子必学有进益，故夫子使之为此，以宠异之欤？"孔子答说："在礼，童子当隅坐随行。今此童子，吾见其居于长者之位，而不循夫隅坐之礼；见其与先生并行，而不循夫随行之礼。夫为童子而不安其分如此，是乃进修无渐，积德无基，非求益者也。但欲凌节躐等，而速进于成人之列耳。故我使之给使令之役，观少长之序，而习揖逊之容，所以折其少年英锐之气，而令其日就于规矩法度之中也，岂宠而异之哉？"

由是观之，可见圣门之教，虽以敏求为先。亦以躐等为戒。盖躐等，则欲速而不达；循序，则日益而不知。所以夫子亦自云下学而上达，为此故耳。学者，宜知所从事焉。

【编者按】

阙党地方的一个孩子来孔子这里求学，但很不懂礼节，把自己当成大人与大家平起平坐，与比他大的人并肩而行无分先后礼让，孔子便让他给自己当"通信员"，让他熟悉礼仪、礼节，以此来折损一下他的少年争进的心气。孔子因人施教，也有许多高招。但当官的别这样整人，小孩子不懂事，直接告诉他就行了。正因为他无知，才需要有知的为师以教；正因为他有不如人处，才需要有人来领来导，否则，这个世界上要老师、领导这两个既让人不高兴又限制人自由的岗位干什么？

为师的职责在教、在育、在示范，为官的职责在带领、引导、帮助，都不在训斥、压服、整治于人。所以师称"师表"，官称"领导"。老师如果变成"看守"，长官变成"警察"，那味道便全变了。

一〇四、"君子远其子"而无偏私

　　陈亢问于伯鱼曰："子亦有异闻乎？"对曰："未也。尝独立，鲤趋而过庭。曰：'学《诗》乎？'对曰：'未也。''不学《诗》，无以言。'鲤退而学《诗》。他日又独立，鲤趋而过庭。曰：'学《礼》乎？'对曰：'未也。''不学《礼》，无以立。'鲤退而学《礼》。闻斯二者。"

　　陈亢退而喜曰："问一得三，闻《诗》、闻《礼》，又闻君子之远其子也。"

　　　　　　　　　　　　——《论语·季氏第十六》

【张居正直解】

　　陈亢问孔子的儿子孔鲤（字伯鱼）："你在你父亲那里听到过什么与教别人不同的吗？"孔鲤答道："没有啊。有一次父亲独自站在庭中，我连忙走过去。父亲问我：'你学《诗》了吗？'我说：'没有。'他说：'不学《诗》，怎么讲话啊？'我便退下去读《诗》。他日，夫子又尝闲居独立，我复趋走而过于庭前。这时也没他人在旁，使有异教，亦可于此时传授矣。乃夫子却又只问说：'汝曾学《礼》否乎？'我对说：'未曾学《礼》。'夫子因教我说：'《礼》之为教，恭俭庄敬，学之，则品节详明，而德性坚定，必卓然有以自立；若不去学《礼》，则无以习其节文，而养其德性，欲自立于规矩准绳之中，岂可得乎？'鲤于是受教而退，始学夫《礼》。凡礼仪威仪，无不习其事焉。我之所闻于夫子者，一是学《诗》，一是学《礼》，惟此二者而已。夫《诗》《礼》之教，固夫子之所常言者，我之所闻，亦群弟子之所共闻也，何尝有异闻乎？"于是陈亢闻言而退，深自喜幸说："问一得一，乃理之常。今我所问者，异闻之一事耳，而乃有三事之得。闻学《诗》之可以言，一也；闻学《礼》之可以立，二也；又闻君子之教其子，与门弟子一般，全无偏私之意，三也。一问之间，有得三之益，岂非可喜者哉？"

夫圣人之心，至虚至公，其教子也，固未尝徇私而独有所传，亦非因避嫌而概无所异，惟随其资禀学力所至，可与言《诗》，则教之以《诗》，可与言《礼》，则教之以《礼》焉耳，岂得容心于其间哉？陈亢始则疑其有私，终则喜其能远，不惟不知圣人待子之心，且不知圣人教人之法，陋亦甚矣。

【编者按】

　　"君子远其子"，指孔子对他的儿子与对待其他弟子同样平等而教，并非有所偏私。

一〇五、令人哑然失笑的"君子固穷"与"小人穷滥"

在陈绝粮，从者病，莫能兴。子路愠见曰："君子亦有穷乎？"子曰："君子固穷，小人穷斯滥矣。"

——《论语·卫灵公第十五》

【张居正直解】

〔兴〕是起；〔愠〕是含怒的意思；〔滥〕是泛滥，言人之放溢为非，如水之泛滥而不止也。

孔子既不对灵公之问，遂去卫适陈。至于陈国，粮食断绝，从者皆饥饿而病，莫能兴起。子路当此穷困之时，不胜愠怒之意，见于颜色，问说："君子之人，宜乎为天所佑，为人所助，不当得穷者也，乃亦有时而穷困若此乎？"孔子说："穷通得失，系乎所遇。有不在我者，君子安能自必乎？盖亦有穷时也，但君子处穷，则能固守其穷，确然以义命自安，而其志不少移夺；若小人一遇困穷，则自放于礼法之外，而无所不至矣。然则今日之穷，但当固守，而不至于滥焉可矣，何必怨尤乎哉？"夫观圣贤之所遭如此，则春秋之世可知矣！

【编者按】

孔子在陈国断了粮，从人都饿倒了。不知好歹的子路过来说："你老说君子可得天之佑助，如今怎么穷困到如此地步了呢？"孔子说道："君子穷困也不改操守，不像有些小人一遇困难就会胡作非为。"真是十分可爱的一对师徒，子路尤其可爱，孔子变相骂子路也很可爱。不禁令人哑然失笑。真有一点"酒不酒""觚不觚"的味道。

一〇六、无所用心好行小慧者难以成事

子曰："群居终日，言不及义，好行小慧，难矣哉！"

——《论语·卫灵公第十五》

【张居正直解】

［小慧］是私智。

孔子说："君子之取友，本以为讲学辅仁之资也。夫苟群聚而居，至于终日之久，所言者全不及于义理，而惟以游谈谑浪为亲，所行者全不关乎德业，而惟以小事聪明为好。夫然则放辟邪侈之心滋，行险侥幸之机熟。不惟无以切磋而相成，且同归于污下而有损矣。欲以入德而免患，岂不难矣哉？"

【编者按】

为官者少交酒友、玩友、钱友，既浪费时间，又有损官德，而于事无助无补。

一〇七、处事循义礼，诚信自成

子曰："君子义以为质，礼以行之，孙以出之，信以成之。君子哉！"

——《论语·卫灵公第十五》

【张居正直解】

〔质〕是质干；〔孙〕是谦逊。

孔子说："人之处事，难于尽善。若既不失事理之宜，而又兼备众善之美，则惟君子能之。盖君子知事无定形，而有定理，故凡应事接物，以义为之质干，其是非可否，一惟视事理之当然者而处之，盖有不可以势夺，不可以利回者，其心有定见如此，然未尝径情而直行也。又行之以礼，而周旋曲折，灿然有品节之文焉，未尝自是而轻物也。又出之以逊，而谦卑退让，蔼然有和顺之美焉，且自始至终，全是一片真切诚实的心，以贯彻于应事接物之间，而绝无一毫虚伪矫饰之意，这是信以成之。"夫以义为质，则固已得事理之当矣，而又备众善之美，以此处天下之事，将何往而不宜哉？盖非成德之君子未易及也。然此必学问深而涵养熟者，然后能之，有经世宰物之责者，当知所从事矣。

【编者按】

天下事难成而无所不成。凡事以义理定取舍，以礼敬、谦退而交际，以诚信之心而感人，有什么事办不成呢？天下无难事，只怕有心人。什么是心？一计算器耳。但须以仁心、诚心而非利心、伪心来行加减乘除。

一〇八、君子所病一生而无成其善

子曰："君子病无能焉，不病人之不已知也。"

子曰："君子疾没世而名不称焉。"

——《论语·卫灵公第十五》

【张居正直解】

［病］字，解作"患"字。

孔子说："今之学者为人，故每以人不已知为患。君子学以为己，其所患者惟在道不加进，德不加修，碌碌焉一无所能而已。若身有道德之实，而人莫我知，于我本无所损，于人果何足尤？故君子不以为患焉。"此可见自修之道，当务实而毋务名矣。

［疾］是疾恶；［没世］是终身。孔子说："君子学以为己，固无意于求名，然人德有诸己，则名誉自彰，是名所以表其实者也。若从少到老，至于下世的时候，而其声名终不见称

于人，则其无一善之实可知。这等的人，虚过了一生，与草木同腐焉耳，岂非君子之所恶者哉？"然则君子之所恶，非恶其无名也，恶其无实也。修己者当知所勉矣。

【编者按】

人之一生多为"名""利"二字。但名有所不同，利有所邪正。名不过是包装物，关键在你是什么货；正利是福亦不可多得，邪利是祸，一毫亦不可取。

一○九、君子责己，而小人诿过于人

子曰："君子求诸己，小人求诸人。"

——《论语·卫灵公第十五》

【张居正直解】

孔子说："君子小人，人品不同，用心自异。君子以为己为心，故凡事皆反求（省）诸己，如爱人不亲，则反求其仁，礼人不答，则反求其敬。即其省身之念，只恐缺失在己，而点检不容不详，何尝过望于人乎？小人则专以为人为心，故凡事惟责备于人，己不仁而责人之我亲，己无礼而责人之我敬，即其尤人之念，只见得缺失在人，而所求不遂不止，何尝内省诸己乎？"

夫求诸己者，己无所失，而其德自足以感人，求诸人者，人未必从，而其弊徒足以丧己。观于君子小人之分，而立心可不慎哉？

【编者按】

西方心理学家认为精神病患者一生的谎言便是委过于人。为了不得精神病，人还是要学会自省。

一一〇、矜而不争、群而不党是谓君子

子曰："君子矜而不争，群而不党。"

——《论语·卫灵公第十五》

【张居正直解】

庄以持己，叫作〔矜〕；〔不争〕是无乖戾的意思；和以处众，叫作〔群〕；〔不党〕是无偏向的意思。

孔子说："大凡处己严毅的人，易至于乖戾，惟君子之持己也，视听言动，无一事不在礼法之中，可谓矜矣。然其矜也，乃以理自律，而非以气陵人也，何尝矫世戾俗以至于争乎？凡处人和易的人，多流于阿党。惟君子之处众也，家国天下，无一人不在包容之内，可谓群矣。然其群也，乃以道相与，而非以情相徇也，何尝同流合污以至于党乎？"

夫持己莫善于矜，而不争乃所以节矜之过。处众莫善于群，而不党乃所以制和之流。古之帝王，检身克己，而未尝忿嫉求备于人，容民蓄众，而不废旌淑别慝之典。其善处人己之间，亦用此道而已矣。

【编者按】

人一庄重，自有凌人之气油然而生，所以庄重之人千万别忘记和气；人一合群，自有结党营私之嫌，所以合群交友之人，务须公正待人，公心处事。为官者犹须待人公正，处事公平，无亲无疏。

一一一、君子不以言而荐人，不因人而废言

子曰："君子不以言举人，不以人废言。"

——《论语·卫灵公第十五》

【张居正直解】

孔子说："君子听言贵中，取善贵弘。其言虽有可取，而其人或未可信，则君子亦惟取其言而已。至于其中之所存，则有不可以言尽者。敷奏而必试以功，听言而必观其行，何尝因言而遂举其人乎？"盖天下真才难辨，使以言举人，则饰言以求进者众矣，而可若是之易乎？其人虽无足取而其言或有可采，则君子亦姑置其人而已。至于其言之当理，则有不可以人弃者。狂夫或有可择，刍荛亦所当询。何尝因人而遂废其言乎？盖善之所在无方，使以人废言，则嘉言之攸伏者多矣，而可若是之隘乎？夫用人审，既不至于失人，取善弘，又不至于

223

失言，可以见君子至公之心矣，尧舜静言是惩，迩言必察，正此意也。

【编者按】

以嘴皮子取人，多用错人；因不喜欢这个人而不听他正确的话，必失之于理。当官的一定要多想着那些自己不喜欢与不喜欢自己的人。

一一二、可终身奉行的人生格言 "其恕乎"

子贡问曰："有一言而可以终身行之者乎？"子曰："其恕乎！己所不欲，勿施于人。"

——《论语·卫灵公第十五》

【张居正直解】

［一言］是一字。

子贡问于孔子说："学者必务知要，今有一言之约，可以终身行之而无弊者乎？"孔子教之说："道虽不尽于一言，而实不外于一心。欲求终身可行之理，其惟恕之一言乎？盖人己虽殊，其心则一。使把自己心上所不欲的事却去施以及人，这便不是恕了。所谓恕者，以己度人，而知人之心不异于我，即不以己所不欲者，加之于人。如不欲上之无礼于我，则亦不以此施之于下，不欲下之不忠于我，则亦不以此施之于上。斯则视人惟己，而知之无不明；以己及人，而处之无不当。不论远近亲疏，富贵贫贱，只是这个道理推将去，将随所处而皆宜矣。然则欲求终身可行，宁有外于恕之一言者哉？"

按：此"恕"字与《大学》"絜矩"二字之义相同。盖平天下之道，亦不过与民同其好恶而已。推心之用，其大如此，不但学者之事也。

【编者按】

人同此心，人心亦有所不同。己所不愿之事，不可强加于人；而自己有不好的心思，可别"以己度人"。己所不欲，勿施于人这一条，许多人都做不到，用坏心思来猜测他人似乎人人都会。高贵的人类为什么会衍生出那么多卑贱下流的人。

一一三、三代直道：毁誉不由私

子曰："吾之于人也，谁毁谁誉？如有所誉者，其有所试矣。斯民也，三代之所以直道而行也。"

——《论语·卫灵公第十五》

【张居正直解】

［毁］是毁谤；［誉］是夸奖；［试］是验；［直道］即公道。

孔子说："天下本有是非之公，而人间多徇于好恶之私。吾之于人也，恶者固未尝不称之以示戒，然但指其恶之实迹而言之耳。若将人没有的事，而肆为诬谤，便是作意去毁人，非公恶矣，吾于谁而有毁乎？善者固未尝不扬之以示劝，然亦据其善之实事而言之耳。若将人本无的事，而过为夸许，便是作意去誉人，非公好矣，吾于谁而有誉乎？然毁誉固皆不可有，而誉犹不失夫与人为善之公。故我之于人，容或有誉之少过者，亦必试验其人，志向不凡，进修有序，即今日之所造，虽未必尽如吾言，料他日之有成，决可以不负所许者，然后从而誉之耳。夫誉且不敢轻易，而况于毁乎？然我之所以无所毁誉者，何哉？盖以天理之在人心，不以古今而有异者也。今之世虽非三代之世，而今之民所以善其善，恶其恶，一无所私曲者，固即三代直道之民也。民心不异于古如此，我安得枉其是非之实，而妄有毁誉哉？"孔子此言，盖深为世道虑，而欲挽之于三代之隆也。要之公道在人，以之命德讨罪、褒善贬恶者，都是此理。使在上者持此以操赏罚之权，则天下以劝以惩，而公道大行；在下者持此以定是非之论，则天下以荣以辱，而公道大明，尚何古道之不可复哉？

【编者按】

人心难公道，多以个人好恶得失为标准。上帝对此也没有办法。他曾毁灭过一次人类，但又怎样呢？人类真不是值得可爱的一支。至少应该去去杂质了。（"三代"指夏、商、周。）

一一四、日夜所思，不如须臾之学

子曰："吾尝终日不食，终夜不寝，以思，无益，不如学也。"

——《论语·卫灵公第十五》

【张居正直解】

［思］是思量；［益］是补益。

孔子说："我于天下之理，以为不思则不能得。固尝终日不吃饮食，终夜不去睡卧，于以研穷事物之理，探索性命之精，将谓道可以思而得也。然毕竟枉费了精神，而于道实无所得，何益之有？诚不若好古敏求，着实去用工，以从事于致知力行之学，久之，工夫纯熟，义理自然贯通矣，其视徒思而无得者，岂不大相远哉？所以说不如学也。"

然孔子此言特以警夫徒思而不学者耳，其实学与思二者功夫相因，缺一不可，善学者，当知有合一之功焉。

【编者按】

张居正所解甚是。徒学不思，等于没学；徒思不学，自是徒劳无益。

一一五、谋道不谋食，忧道不忧贫

子曰："君子谋道不谋食。耕也，馁在其中矣；学也，禄在其中矣。君子忧道不忧贫。"

——《论语·卫灵公第十五》

【张居正直解】

〔谋〕是图谋；〔馁〕是饥馁。

孔子说："人之所以终日营营而不息者，都只是谋图口食，干求利禄而已。乃若君子之人，其所图惟于念虑者，只在求得乎道焉耳。至于口食之求，则有所不暇计者，盖食之得与不得，不系于谋与不谋。如农夫耕田，本为谋食而求免于饥，然或遇着年岁荒歉，五谷不登，则无所得食而饥馁在其中矣。君子为学，本为谋道，固无心于禄，然学成而见用于时，则居官食俸，而禄自在其中矣。夫求者未必得，而得者不必求。则人亦何用孳孳以谋食为哉？是以君子之心，惟忧不得乎道，无以成性而成身；不忧无禄而贫，而欲假此以求禄而致富也。"
君子立心之纯有如此。人臣推此心以事君，敬事而后食，先劳
而后禄，斯可以为纯臣矣。

【编者按】

　　人为衣食所累便只知为衣食而劳碌，必一生无所成就，既
得温饱，也终是小农一人。而学问、技艺在身之人，则此生无
量，自非小农可比。朱买臣、吕蒙正、王冕，大至美利坚之林
肯，都是以学而脱于贫苦之中，大有所为者。生命的法则便是
如此，你终日只忙于衣食，就只给你衣食。越忙碌于小事的越
辛苦所得愈少。人生于世，"辛苦"二字是少不得的。但为什
么辛苦，辛苦着什么却在决定人的命运。

一一六、智之所得须仁、庄、礼守之

子曰："知及之，仁不能守之；虽得之，必失之。知及之，仁能守之，不庄以莅之，则民不敬。知及之，仁能守之，庄以莅之，动之不以礼，未善也。"

——《论语·卫灵公第十五》

【张居正直解】

容貌端严叫作［庄］；［莅］字，解作"临"字；［动］是鼓舞作兴的意思。

孔子说："天下道理无穷，而君子之学，必求其尽善而后已。固有资质明敏，学问功深，于修己治人的道理，已是见到这分际了，即拳拳服膺而勿失之可也，却乃持守弗坚，以至于私欲混杂，有始无终，则向者所得终亦必亡而已，虽知之何益乎？此有其智者不可不体之以仁也。若夫智既及之，仁又能守之，则其德已全矣。乃于临民处事之际，容貌或有未端，不

233

能庄以莅之，则自亵其居尊之体，而无威可畏，适以启民之慢而已，此有其德者，又不可不谨其容也。至若智及之，仁能守之，又能庄以莅之，斯则内外交修，宜无可议矣。然于化民动众之间，条教法令之设，犹有未能合天理之节文，约人情于中正者，则细行弗矜，终累大德，虽能使民敬，而不能使民化，亦岂足为尽善全美乎？"

是务其大者，亦不可不谨于小也。此可见，道合内外，兼本末，有一边，不可缺一边，而德愈全，则责愈备；进一步，更当深一步。体道之功，庸可以自足乎哉！

【编者按】

领导者只有智慧不行，必须有仁德之心相守，才不失为智；必须以端庄严谨以行，人方敬之；同时须以礼义教人，才能达善美之境。为官自须有大智大德，亦须慎于小事小节，方为完备。

一一七、君子不知小而可担大任

子曰：“君子不可小知，而可大受也；小人不可大受，而可小知也。”

——《论语·卫灵公第十五》

【张居正直解】

〔知〕是我知其人；〔受〕是彼所承受。

孔子说：“君子小人，人品不同，材器自异。君子所务者大，而不屑于小。若只把小事看他，则一才一艺或非所长，未足以知其为人也。惟看他担当大事的去处，其德器凝重，投之至大而不惊，材识宏深，纳之至繁而不乱，以安国家，以定社稷，皆其力量之所优为者，观于此而后君子之所蕴可知也已。至于小人，器量浅狭，识见卑陋，譬之杯勺之器，岂能与鼎鼐并容，朴樕之才，无以胜栋梁之任，托之天下国家的大事，彼必不能堪也。然略其大而取其小，则智或足以效一官，能或足以办一事，未必一无所长焉，观此则虽小人亦有不可尽弃也已。"

夫君子小人，才各有能有不能，则辨别固不可不精；而用各有适有不适，则任使尤不可不当矣。但大受之器厚重而难窥，小知之才便捷而易见，自非端好尚识治体，则断断大臣，或以无他技而见疏，碌碌庸人，或以小有才而取宠，而蠹国偾事，有不可胜言者矣。欲鉴别人才者，必先有穷理正心之功焉。

【编者按】

农家讲"量女配夫"，为官择人亦不外此理。能当栋梁者，不计其小节；能当门窗的，不嫌其细微。用人必出以公心公正，而不可以个人好恶而不计其短长，委以滥任，否则必误国败事。为官者最大的失误有二：一是决策失误；二是用人不当。

一一八、蹈水火死人而未见蹈仁德而亡者

子曰："民之于仁也，甚于水火。水火，吾见蹈而死者矣，未见蹈仁而死者也。"

——《论语·卫灵公第十五》

【张居正直解】

足所践履，叫作［蹈］。

孔子说："人之生理，莫切于仁，而养生之物，莫切于水火。然水火还是外物，没了水火，不过饥渴困苦，害及其身而已。若没了这仁，则本心丧失，虽有此身，亦无以自立矣。仁之切于人也，岂不尤甚于水火乎？况水火虽能养人，亦或有时而杀人。如蹈水而为水所溺，蹈火而为火所焚，吾尝见其有死者矣，仁则天之尊爵，人之安宅，得之者荣，全之者寿，何尝见有蹈仁而死者哉？"

夫仁至切于人，而又无害于人，人亦何惮而不为乎？孔子

237

此言，所以勉人之为仁者至矣！

【编者按】

人赖水火而生，水火亦置人于死；唯仁德可活人全人而不害人。但不害人不等于不死人。古今中外的仁人志士，不都是为仁为义为德而死的吗？苟利国家生死以，岂因祸福避趋之？中国人自古就有舍生取义的精神。当然孔子此处所讲非此意，而是讲仁德有益于人，百姓需要它比需要水火还迫切。

一一九、君子当仁，不让危难于师长

子曰："当仁不让于师。"

——《论语·卫灵公第十五》

【张居正直解】

［当］是担当；［仁］是心之全德。

孔子说："人之为学，凡道理所当尽，职业所当修者，必须直任于己，勇往以图之，不宜因循退托，而逊让于人。莫说凡人不必逊让，便是弟子之于师，他事固无所不让，至于担当为仁的去处，亦有不容让者。"

盖仁者吾所自有而自为之，非夺诸彼而先之也，何让之有？故有颜子之请事，然后能克己而复礼，有曾子之弘毅，然后能任重而道远，此真足担当乎仁者也。况人君体仁以长人，将为天地立心，为生民立命，为万世开太平，又何让乎哉？

【编者按】

古人以仁为首要，生死苦难由自己担当，而不推给师长；今人则见名利而"当仁不让"且不计师长。有时"当仁不让"成了不要脸的代名词。

一二○、君子坚贞守礼而不固执偏见

子曰："君子贞而不谅。"

——《论语·卫灵公第十五》

【张居正直解】

孔子说："人固贵于持守之定。然守一也，有见理明确，而守之不易者，叫作贞，有偏执己见而居之不移者，叫作谅。夫人察理不精，而体道不熟，鲜有不以谅为贞者。君子则审时措之宜，以端其贞一之守。"凡大而经纶显设，小而酬酢云为，义当行，则勇往直前；义当止，则特立不变。精明果确，惟归于至当而已。初未尝不顾是非，不达权变，言必于信，行必于果，而硁硁然执一己之小信也。盖贞若有似于谅，然任理而无所适莫，不可谓之谅也。谅若有似于贞，然任己而不知变通，及有害乎贞矣。贞而不谅，此君子之所以异乎人，而疑似之间，学者可不深辨乎？

【编者按】

所谓"贞"即主见正确坚定不移；所谓"谅"即偏见而固执，不懂通权达变。二者虽有时相似，而大不相同。官场最忌"凿死卯"的固执，此种人必为淘汰出局对象。

242

一二一、事人之道，先功后禄

子曰："事君，敬其事而后其食。"

——《论语·卫灵公第十五》

【张居正直解】

［事］是职分之所当为；［食］是居官的俸禄。

孔子说："人臣之事君，职任虽有大小不同，莫不各有所司之事。若禄以劝功，则系乎上者。使才任其事，而即有得禄之心，或先治其事，而随有计禄之念，皆非忠也。必须一心敬谨，办理所管的事务。如有官守者，则兢兢焉，思以尽其职；有言责者，则兢兢焉，思以效其忠。惟求职业之无忝，委托之不负而已。至于所食之常禄，则不必以是为先，而汲汲以图之也。"夫人臣志存立功，事专报主，虽死生患难，有不暇计，而况爵禄能入其心乎？知此义者，斯可谓之纯臣矣！

243

【编者按】

时代变了，今人必先禄后功，进而无功受禄才好。但法则不会变，终归是计禄于先者终不得厚禄，计功于先者无言而得禄位。

一二二、孔子论"三益友""三损友"

孔子曰："益者三友，损者三友。友直，友谅，友多闻，益矣。友便辟，友善柔，友便佞，损矣。"

——《论语·季氏第十六》

【张居正直解】

〔谅〕是信实；〔便〕是习熟的意思。

孔子说："人之成德，必资于友，而交友贵知所择。有益于我的朋友，有三样，有损于我的朋友，也有三样。所谓三益者，一样是心直口快、无所回护的人；一样是信实不欺、表里如一的人；一样是博古通今、多闻广记的人。与直者为友，则可以攻我之过失，而日进于善矣；与谅者为友，则可以消吾之邪妄，而日进于诚矣；与多闻为友，则可以广吾之识见，而日进于明矣，岂不有益于我乎？所以说益者三友。所谓三损者，一样是威仪习熟、修饰外貌的人；一样是软熟柔媚、阿意奉承的人；一样是便佞口给、舌辩能言的人。与便僻为友，则无闻过之益，久之将日驰于浮荡矣；与善柔为友，则无长善之益，久之将日流于污下矣；与便佞为友，则无多闻之益，久之将日沦于寡陋矣，岂不有损于我乎？所以说损者三友。"人能审择所从，于益友则亲近之，于损友则斥远之，何患乎德之无成也哉？然友之为道，通乎上下，况君德成败，乃天下治忽所关，尤不可以不谨。故日与正人居，所闻者正言，所见者正行，亦所谓益友也；与不正人居，声色狗马之是娱，阿谀逢迎以为悦，亦所谓损友也。养德者可不辨哉？

【编者按】

狐朋狗友是动物；酒肉朋友是食物；牌友球友车友是玩物；商财朋友是货物；抬友轿友是废物；交友还是要交同甘苦共患难的人物为好。有好事的时候想着你；为难遭灾时援助你；受欺于人时帮着你；你有毛病提醒你，犯了错误担着你，你不理他他理你。有一个就够了，多了可能是朋，但肯定不是友。有言称朋友多了路好走，其实是多了一定绊死你。

一二三、孔子论"三益乐""三损乐"

孔子曰："益者三乐，损者三乐。乐节礼乐，乐道人之善，乐多贤友，益矣。乐骄乐，乐佚游，乐宴乐，损矣。"

——《论语·季氏第十六》

【张居正直解】

［乐］是喜好；［节］是审辨。

孔子说："凡人意有所适，则喜好生焉。然所好不同，而损益亦异。举其要者言之，喜好而有益于我的，有三件；喜好而有损于我的，也有三件。所谓好之而有益者，一是好审辨那礼之制度，与乐之声容，而求其中正和乐之则；一是见人有嘉言善行，便喜谈而乐道之；一是好广交那直谅多闻的好朋友。夫乐节礼乐，则外之可以治身，内之可以养心，而中和之德成矣；乐道人之善，则在人得为善之劝，在己有乐取之心，而人己同归于善矣；乐多贤友，则习与正人居，所闻者皆正言，所见者皆正行，而相规相劝之助多矣，岂不有益于我乎？所以说益者三乐。所谓好之而有损者，一是好骄惰淫荡，而任情于纵侈之事；一是好安佚遨游，而偷取乎一时之快；一是好宴饮戏耍，而沉酣于杯酒之中。夫好骄乐，则侈肆而不知节，将日入于放荡矣；好佚游，则惰慢而恶闻善，将日流于怠荒矣；好宴乐，如淫溺而狎小人，久将与之俱化矣，岂不有损于我乎？所以说损者三乐。"

此三益者，学者好之，则为端人正士；人君好之，则为明君圣主，可不勉哉？此三损者，学者好之，则足以败德亡身；人君好之，则足以丧家亡国，可不戒哉？孔子此言，其警人之意切矣。

【编者按】

什么人爱什么鸟，什么动物吃什么草。人的爱好代表着一个人的品性、品位、品质。如吃喝玩乐嫖赌抽与诗文刻绘研创藏，二者自是不可同日而语，且命运归宿多由此各异。

248

一二四、与长者上司交谈有"三过"：
躁、隐、盲

孔子曰："侍于君子有三愆：言未及之而言谓之躁，言及之而不言谓之隐，未见颜色而言谓之瞽。"

——《论语·季氏第十六》

【张居正直解】

　　〔侍〕是侍立；〔君子〕是有德有位者之通称；〔愆〕是过失；〔躁〕是躁急；〔隐〕是隐默；〔瞽〕是无目的人。

　　孔子说："凡卑幼者，侍立于尊长之前，其言语应对，有三件过失，不可不知也。盖人之语默，贵于当可，有问即对，无问即默可也。若君子之言问未及于我，而我乃率尔妄言，不知谦谨，这是粗心浮气的人，所以叫作躁，是一失也；如言问已及于我，而我乃缄默无言，不吐情实，这是机深内重的人，所以叫作隐，是二失也；如或时虽可言，又要观其颜色，察其意向，然后应对不差，乃未见其颜色意向所在，只管任意肆言，这就与无目的人一般，所以叫作瞽，是三失也。"

此皆心失其养，故语默失宜，招尤致辱，皆由于此。学者可不加养心之功，以为慎言之地哉?

【编者按】

有非分之心者，必喜越位越级上言、上书，总希求侥幸之星降将己身，此等事正人君子绝不肯为，因为这是一件很危险，至少有多重负效应的事；而应当说话时你不说，应该表现自己时总退缩，则是愚不可及；而对牛弹琴、言不及义、答非所问的话都是废话，这种人也自是废物点心无可用处。

一二五、少戒色、壮戒气、老戒得

孔子曰："君子有三戒：少之时，血气未定，戒之在色；及其壮也，血气方刚，戒之在斗；及其老也，血气既衰，戒之在得。"

——《论语·季氏第十六》

【张居正直解】

［色］是女色；［斗］是争斗；［得］是贪得。

孔子说："君子检束身心，固无所不致其戒慎，而其切要者，则有三件。方年少之时，血气未定，精神未充，其所当戒者，则在于女色。盖房帷之好，易以溺人，而少年之人，又易动于欲，此而不谨，则必有纵欲戕生之事。以此致疾而伐其性命者有之，以此败德而丧其国家者有之，故少之时，所当戒者，一也；到壮盛的时节，血气方刚，其所当戒者，则在于争斗。盖好刚使气，最人之凶德，而壮年之人，易动于气，此而不谨，则必有好勇斗狠之事，小或以一朝之忿而亡其身，大或以穷兵黩武而亡其国，故壮之时，所当戒者，又其一也；及其老也，血气既衰，精神亦倦，其所当戒者，则在于贪得，盖人当少壮之时，类能勉强自守，以要名誉，比其衰老，则日暮途穷，前无希望，而身家之念重矣。此而不谨，则必多孳孳为利之图。缙绅大夫，以晚节不终，而丧其平生者有之；有土之君，以耄荒多欲，而财匮民离者有之，故既老之所当戒者，又其一也。"

盖人之嗜欲，每随血气以为盛衰，惟能以义理养其心，则志气为主，而血气每听命焉，故孔子随时而设戒如此。其实自天子以至于庶人，从少至老，皆当以三者为戒也，修己者可不警哉？

【编者按】

色、气、贪三者，生命之大戕重贼，无论少壮成老，自当终身节之、制之。而孔子分少、壮、老，无非讲此时犹当谨戒此事。

一二六、君子"三畏"，小人无知无畏

孔子曰："君子有三畏：畏天命，畏大人，畏圣人之言。小人不知天命而不畏也，狎大人，侮圣人之言。"

——《论语·季氏第十六》

【张居正直解】

［畏］是畏惮的意思；［天命］是天所赋于人之正理；［大人］是有德有位之人；［圣人之言］是简册中所载圣人的言语；［狎］是亵狎；［侮］是戏玩。

孔子说："君子小人不同，只在敬肆之间而已。君子之心，恐恐然常存敬畏而不敢忽者，有三件事。三畏维何？彼天以民彝物则之理，付畀于人，这叫作天命。君子存心养性，惟恐不能全尽天理，辜负其付畀之重，故一言一动，亦必戒谨恐惧，常如上帝鉴临一般，此其所畏者一也；至若有德有位的大人，他是能全尽天理的人，君子则尊崇其德位，而致敬尽礼，不敢少有怠慢之意，此其所畏者二也；圣人之言载在简册，句句是修身齐家治国平天下的大道理，君子则佩服其谟训，而诵说向慕，不敢少有违背之失，此其所畏者三也。这三事，都是立身行己切要的工夫，故君子常存敬畏而不敢忽焉。若夫小人冥顽无知，全不晓得义理为何物，恣情纵欲，无所不为，何知有天命之足畏乎？惟其不畏天命，故于有德位的大人，也不知其当尊，反狎视而慢待之。于圣人的言语，也不知当法，反非毁而戏玩之。"

　　盖小人不务修身成己，甘心暴弃，故无所忌惮如此，此所以得罪于天地，得罪于圣贤，而终陷于济恶不才之归也。然此三畏，分之虽有三事，总之只是敬天而已。盖人之所以勉于为善而不敢为恶者，只因有个天理的念头在心，所以凡事点检，不敢妄为，若天理之心不存，则骄淫放逸，将何所不至乎？故尧舜兢业，周文小心，惟一敬耳。有志于事心之学者，不可不知。

【编者按】

　　人生于世若想长进成就，便终生须存"敬畏之心"——敬人、敬事、敬业；畏己之不及、畏事之不成、畏德之不立。

一二七、孔子论四等"公民"

孔子曰："生而知之者，上也；学而知之者，次也；困而学之，又其次也；困而不学，民斯为下矣。"

——《论语·季氏第十六》

【张居正直解】

〔困〕是窒塞不通的意思。

孔子说："人之资质，各有不同，有生来天性聪明，不待学习，自然知此道理的。这是清明在躬、志气如神的圣人，乃上等资质也；有生来未能便知，必待讲求习学，然后知此道理的。这样的人，禀天地清纯之气虽多，而未免少有渣滓之累，乃次一等资质也；又有始不知学，直待言动有差，困穷拂郁，然后愤悱激发而务学的，这是气质浊多清少，驳多粹少，必须着实费力，始得开明，盖又其次也。若到困穷拂郁的时节，犹安于蒙昧，不知务学以求通，这等昏愚蠢浊的人，虽圣贤与居，亦不能化，终归于凡庸而已，所以说民斯为下矣。"

【编者按】

　　人的一生无所谓天生天命，天资天赋，何等人也都是一个弃旧图新的过程。树木不抛开旧皮就不可能生长，蝉若不脱去旧壳就无以为蝉，动物不脱去旧毛就无有生机。人也同样，不改变自己，就永远是一个旧我。伟大人物也没有生来就伟大的。

一二八、孔子论君子有"九思"

孔子曰:"君子有九思:视思明,听思聪,色思温,貌思恭,言思忠,事思敬,疑思问,忿思难,见得思义。"

——《论语·季氏第十六》

【张居正直解】

孔子说:"人之一身,自视听言动,以至于待人接物,莫不各有当然的道理,但常人之情,粗疏卤莽,不思其理,故动有过差,而无以成德、成身。惟君子之人,自治详审,事事留心,约而言之,其所思者凡有九件。所谓九者,①目之于视,则思视远惟明,而不为乱色所蔽;②耳之于听,则思听德惟聪,而不为奸声所壅;③颜色则思温和,而暴戾之不形;④容貌则思恭谨,而惰慢之不设;⑤发言则思心口如一,忠实而不欺;⑥行事则思举动万全,敬慎而无失;⑦心中有疑,则思问之于师,辨之于友,以解其疑惑;⑧与人忿争,则思不忍一朝之怒，或至于亡身及亲而蹈于患难；⑨至于临财之际，又必思其义之当得与否，如义所不当得，虽万钟不受，一介不取矣。"

君子于此九者，随事而致其思如此，此所以持己接物之间，事事都合乎理，而非常人之可及也。然此九思者，其本在心，若能存养此心，使之湛然虚明，澄然宁静，则应事接物，自然当理。不然，本原之地，妄念夹杂，虽有所思，安能胜其物交之引哉？此正心诚意所以为修身之本也。

【编者按】

心之官则思，所以孔子"九思"，思思入一扣：用心——用心于学，用心于人，用心于事，用心于物，用心于立德自可立身。

一二九、君子见善如不及，见不善如探汤

孔子曰："见善如不及，见不善如探汤。吾见其人矣，吾闻其语矣。隐居以求其志，行义以达其道。吾闻其语矣，未见其人也。"

——《论语·季氏第十六》

【张居正直解】

孔子说："古语有云：见人有善，则欣慕爱乐之，如有所追而不及的一般，惟恐己之善不与之齐也。见人有不善，则深恶痛绝之，如以手探热汤的一般，惟恐彼之不善有浼乎己也。这样好善恶恶、极其诚实的君子，吾见今有此人矣，吾闻古有此语矣。"

盖在当时如颜、曾、冉、闵之徒，皆足以及之，故夫子闻其语而又见其人也。

孔子说："古语又云：士方未遇而隐居之时，则立志卓然

不苟，把将来经纶的事业，都一一讲求豫养，而备道于一身；及遭际而行义之日，则不肯小用其道，将平日抱负的才略，都一一设施展布，而不肯负其所学。这样出处合宜、体用全备的大人，吾但闻古有此语矣，未见今有此人也。"

盖此必伊尹、太公之流，乃足以当之，故夫子以未见其人为叹，其所感者深矣。

【编者按】

小人多见善而嫉。成大事者必早为准备积累。厚积而发，其发必速。

一三〇、君子待恶人的"三不主义"

阳货欲见孔子，孔子不见，归孔子豚。

孔子时其亡也，而往拜之，遇诸途。谓孔子曰："来！予与尔言。"

曰："怀其宝而迷其邦，可谓仁乎？"曰："不可。"

"好从事而亟失时，可谓知乎？"曰："不可。"

"日月逝矣，岁不我与。"孔子曰："诺。吾将仕矣。"

——《论语·阳货第十七》

【张居正直解】

〔阳货〕名虎，是季氏家臣，尝囚季桓子而专国政者。因孔子是鲁国人望，欲其来见己。孔子以货是乱臣，义不往见。阳货乃馈送孔子以蒸豚。孔子以货既加礼于己，不得不往拜以谢之，而其本心实不欲相见。于是趁他不在家的时节，乃一往拜之。盖虽不废乎报施之礼，而亦终不亏其不见恶人之义也。

乃不期与之相遇于途中。

[怀宝]是比人有道德,如怀藏着重宝一般;[亟]字解作"数"字。阳货遇见孔子,迎而谓之说:"来,我与你说话。凡人有道德则当摅其所蕴,以济时艰。如有重宝,当售之与人,不可私也。苟徒藏怀其宝而坐视国之迷乱,不为拯救,可以谓之仁乎?"孔子说:"仁者心存于救世,怀宝迷邦,不可谓之仁也。"

阳货又问:"人之好有为者,则当乘时而出,以设施于当世。苟徒好从事,而每每坐失事机之会,可以谓之智乎?"孔子说:"智者熟察乎事机,好从事而亟失时,不可谓之智也。"阳货又说:"日月如流,一往不返,人之年岁日增,而不为我少留。及今不仕,更待何时?"孔子应之说:"及时行道,实士君子之本心,吾将出而仕矣。"

阳货所言,皆讥讽孔子的意思。不知夫子抱拯溺亨屯之志,本未尝怀宝失时,而亦非不欲仕也,但不仕于货耳。故直据理答之,不复与辩。盖圣人之待恶人,不激不随如此。

【编者按】

不与你对抗,不与你决裂,也不买你的账,不去为你服务,这就是孔子对付掌权恶徒的办法,也难为孔子了。也算是圣人教君子者对付恶人的"三不主义"吧。权力、权力,权与恶结合起来就是一种可怕的力,足以使圣人如此,更何况他人了。

一三一、性相近习相远： 人的差别在后天形成

子曰："性相近也，习相远也。"

——《论语·阳货第十七》

【张居正直解】

孔子说："天之生人，本同一性。虽气有清浊，质有纯驳，然本其有生之初而言，同一天地之精，五行之秀。其清而纯者，固可以为善；其浊而驳者，未必生成便是恶人。彼此相去，未为大差，固相近也。及到形生神发之后，德性以情欲而迁，气质以渐染而变。习于善的，便为圣为贤；习于恶的，便为愚为不肖。于是善恶相去，或相什佰，或相千万，而人品始大相远矣。"夫以人之善恶，系于习而不系于性如此。则变化气质之功，乃人之所当自勉者也，岂可徒诿诸性而已哉？

【编者按】

　　人的先天禀赋都是一张白纸，但每个人都各自画出不同的画来。差别所在自不言而喻了。而先天的差别也是不可否认的。

一三二、君子至坚者磨而不损，
　　　　至白者染而不黑

佛肸召，子欲往。子路曰："昔者由也闻诸夫子曰：
'亲于其身为不善者，君子不入也。'佛肸以中牟畔，子
之往也，如之何！"子曰："然。有是言也。不曰坚乎，
磨而不磷；不曰白乎，涅而不缁。吾岂匏瓜也哉？焉能系
而不食？"

——《论语·阳货第十七》

【张居正直解】

[佛肸] 是晋大夫赵简子的家臣，时为中牟宰；[磷] 是
薄；[涅] 是染皂之物；[缁] 是黑色；[匏] 是大匏，味苦
而不可食者。

时晋室微弱，政在六卿。赵简子与范中行相攻，其家臣有

佛肸者因据中牟以叛。一日，佛肸使人来召孔子，孔子即欲应其召而往见之。盖亦欲应公山弗扰之意也。子路不达而阻之说：“昔者我闻夫子有言：‘凡人有悖理乱常，亲身为不善者，君子不入其党，惟恐其浼已故也。’今佛肸据中牟以畔，正是亲为不善的人，君子当远避之不暇，而夫子乃欲往应其召，是辱身而党恶也。何自背于昔日之言乎？”

孔子晓之说：“汝谓身为不善，君子不入。此言诚然，我诚有此言也。然人固有可浼者，有不可浼者。譬之于物，凡可磨而薄者，必其坚之未至者也。独不曰，天下有至坚厚者，虽磨之，安能使之损而为薄乎？凡可染而黑者，必其白之未至者也。独不曰天下有至洁白者，虽染之，安能使之变而为黑乎？夫物有一定之质，尚不可变，我之志操坚白自处固已审矣，彼虽不善，焉能浼我乎哉？且君子之学，贵适于用，我岂若彼匏瓜者哉？喝然徒而悬系，而不见食于人，则亦弃物而已！何益于世哉？然则，佛肸之召，我固当有变通之微权，而君子不入之说，有不可以概论者矣。”

按：孔子前于公山之召，则以东周自期，此于佛肸之召，则以坚白自信，盖圣人道大德宏，故能化物而不为物所化。若使坚白不足而自试于磨涅，则己且不免于辱，何以能转移一世乎？君子处世，审己而动可也。

【编者按】

孔子的“坚白说”自有道理。但若孔子应了二叛之召，便已无今日之孔子了。虽然孔子于弟子中大不悦于子路，但就此二事而言，子路之智不亚于孔子，岂可一勇而论？而孔子所前言君子不入不善之门，对人很有启教之义：正人君子是不可什么地方都去的。非但有"跳入黄河洗不清"之古语，也有"常在河边站，哪有不湿鞋"之警句流传。

一三三、孔子论"六德"之蔽

子曰："由也，女闻六言六蔽矣乎？"对曰："未也。""居！吾语女。好仁不好学，其蔽也愚；好知不好学，其蔽也荡；好信不好学，其蔽也贼；好直不好学，其蔽也绞；好勇不好学，其蔽也乱；好刚不好学，其蔽也狂。"

——《论语·阳货第十七》

【张居正直解】

有所遮掩叫作［蔽］；［荡］是放荡；［贼］是伤害于物；［绞］是急迫的意思。

昔子路负谅直刚勇之资，而少学问陶镕之力。故孔子呼其名而问之，说："人之偏于所向者，有一件好处，便有一样遮蔽。总之有六言，而六蔽随之。汝曾闻之否乎？"子路时方侍坐，遂起而对说："由未之闻也。"

孔子说："汝复坐，我当一一告汝。盖天下之事，莫不有理，人必好学穷理，而后所行为无蔽。不然，则虽才质之美，制行之高亦将有所遮蔽，而无以成其德矣。如仁主于爱，本美德也，而所以用其爱者，有理存焉。若但知爱人之为美，而不好学以明其理，则心为爱所蔽，将至于可陷可罔，而人亦俱丧矣，岂不流而为愚乎？智主于知，亦美德也，而所以通其智者，有理存焉。若但知多智之为美，而不好学以明其理，则心为智所蔽，将至于穷高极远，而无所归着矣，岂不流而为荡乎？有言必信，亦美德也，而所以成其信者，有理存焉。若但知信实之为美，而不好学以明其理，则心为信所蔽，将至于期必固执，而伤害于物矣，岂不流而为贼乎？直而无隐，亦美德也，而所以行其直者，有理存焉。若但知直道之为美，而不好学以明其理，则心为直所蔽，将至于径情急迫，而无复含弘之度矣，岂不流而为绞乎？遇事勇敢，亦美德也，而所以奋其勇者有理存焉，若但以勇敢为尚，而不好学以明其理，则心为勇所蔽，必将恃其血气之强，肆行而无忌矣，岂不流于乱乎？刚强不屈，亦美德也，而所以全其刚者，有理存焉，若但以刚强为尚，而不好学以明其理，则心为刚所蔽，必将逞其轻世之志，放旷而不羁矣，岂不流于狂乎？"

夫仁、智、信、直、勇、刚，六者美行也；愚、荡、贼、绞、乱、狂，六者恶名也。人惟足己而不学，见理之不明，遂使美者化而为恶，而况其生质之不美者乎？于此见气质之用小，学问之功大。是以古之帝王不恃其聪明绝异之资，而必以讲学穷理为急，诚恐其流于过中失正而不自知也。

【编者按】

孔子不是好老师，只因子路不断地坏他的"好事"，而又毫不客气地直言，甚至以子之矛攻子之盾，总让他很尴尬，所以便对他讲"六美六恶"，等于说他是直率、犯上作乱的狂妄者。孔子何必？子路何忠？但孔子所言"六美六恶"很有辩证观，可为君子之诫。

一三四、君子义以为上，有勇无义为乱

子路曰：“君子尚勇乎？”子曰：“君子义以为上。君子有勇而无义为乱，小人有勇而无义为盗。”

——《论语·阳货第十七》

【张居正直解】

〔尚〕是崇尚。

昔子路好勇，故问于孔子说：“君子为人，亦尚刚勇否乎？”孔子教之说：“君子之人惟以义为上而已。盖义者事物之权衡，立身之主宰，是以君子尚之。义所当为，则必为；义所不当为则不为。虽万钟千驷，有弗能诱，虽刀锯鼎镬，有所弗避，乃天下之大勇也。至于血气之勇，岂君子之所尚者乎？盖以血气为勇，非勇也，使在位的君子徒知有勇，而无义以裁制之，则必将倚其强梁，逆理犯分，或无故而自启衅端，或任情而妄生暴横，不至于悖乱不止矣。使在下的小人，徒知有勇，而无义以裁制之，则必将逞其凶狠，放荡为非，小而草窃奸宄，大而贼杀剽夺，不流于盗贼不止矣。是人之大小尊卑虽不同，苟不义而勇，无一可者也，然则，勇何足尚乎哉？"孔子因子路好勇而无所取裁，故深救其失如此！

【编者按】

　　子路一生以勇自负，总想讨得老师的赞许，不断地问老师尚勇好不好，而孔子一次面子都不给他。为师者太过分了。即使是赞之为害，也当有鼓励之时。

一三五、君子有所讨厌的"七种人"

子贡曰："君子亦有恶乎？"

子曰："有恶。恶称人之恶者，恶居下流而讪上者，恶勇而无礼者，恶果敢而窒者。"曰："赐也亦有恶乎？""恶徼以为知者，恶不孙以为勇者，恶讦以为直者。"

——《论语·阳货第十七》

【张居正直解】

［下流］是在下卑贱之人；［讪］是谤毁；［窒］是窒塞不通；［徼］是伺察；［讦］是攻发人之阴私。

子贡问于孔子说："君子于人无所不爱，岂亦有所恶者乎？"孔子教之说："好恶，人之同情，君子岂无所恶乎？其所恶者有四：其一，恶那样刻薄的人，专喜称扬人之过恶，全无仁厚之意者。其一，恶那样忿戾的人，身居污下之地而谤毁君上，非毁尊长，无忠敬之心者。其一，恶那样强梁的人，好刚使气，徒恃其勇而不知礼让，至于犯上而作乱者。其一，恶那样执拗的人，临事果敢，率意妄为而不顾义理，往往窒塞而不通者。凡此，皆人心之公恶，故君子恶之也。"

孔子因问子贡说："汝赐也亦有所恶乎？"子贡对说："赐之所恶者有三：其一，恶那样苛刻的人，本无照物之明，乃窃窃焉伺察人之动静，而自以为智耳。其一，恶那样刚愎的人，本无兼人之勇，徒悻悻然凌人傲物，而自以为勇者。其一，恶那样偏急的人，本无正直之心，专好攻讦人之阴私，而自以为直者。赐之所恶，如此而已。"

由此观之，圣贤所恶，虽有不同，而以忠顺长厚之道望天下，其意则一而已。盖天下之患，常始于轻薄恣睢之徒，横议凭陵，而纪纲风俗，遂因之以大坏。明主知其然。故务崇浑厚以塞排诋之端，揽权纲以消悖慢之气。故谗慝无所容，而凶人自伏也！审治体者宜辨之。

【编者按】

"七种人"：①扬人之恶者；②攻击尊长者；③强梁动乱者；④偏执大胆者；⑤以侦人为智者；⑥以不逊为勇者；⑦以讦攻为直者。七种人中孔子所恶者四，子贡所恶者三。虽先贤圣所见，仍足为今日君子所鉴，七行无一正人君子可为者。

一三六、"近之则不逊，远之则怨"
何只女子小人

子曰："唯女子与小人为难养也，近之则不孙，远之则怨。"

——《论语·阳货第十七》

【张居正直解】

〔小人〕是仆隶下人；〔近〕是狎昵的意思；〔远〕是疏斥的意思。

孔子说："天下的人，惟有妇人女子与仆隶下人最难畜养。何以言之？常情于这两样人，不是过于用恩，狎昵而近之，便是过于用严，疏斥而远之。若是昵近他，他便狎恩恃爱，不知恭逊之礼，是近之不可也；若是疏远他，他便失去所望，易生怨恨之心，是远之不可也，此其所以难养也。诚能庄以临之，慈以畜之，则既有以消其怙恃之心，又有以弥其愤恨

275

之意，何怨与不逊之足患乎？"

【编者按】

孔子所言注定有特定的背景。据说孔子被卫国君主放荡的夫人南子耍了，很气愤，出来时讲了这番话。虽是气愤之言，却道出了卑劣之处，而何止下人与女人？尤其是为官者与下属必须保持正常等距交往，亲疏平等，远近适中，该加恩时不忘，该庄重时不姑。上下关系一庸俗了，领导者的功能便一切失效，斯文斯武便都要扫地了。

一三七、人到四十还不讨人喜欢，一生便完了

子曰："年四十而见恶焉，其终也已。"

——《论语·阳货第十七》

【张居正直解】

孔子说："人年四十，乃是成德之时。前此，而年力富强，正好加勉。过此，则神志衰怠，少能精进矣。若于此时，而犹有过恶见憎恶于人，则善之未迁者，终不及迁，过之未改者，终不及改，亦止于此而已，可不惜哉？"这是孔子勉人及时进修的意思，人能以此自警于心，虽欲一时不汲汲学问，以求日新其德业，不可得矣。

【编者按】

人到四十还让人讨厌，一生就完了；人到四十还是只会讨

厌别人，这一辈子也就完了。人若要立足于社会之中，而不见弃于群体、于职场、于社会，总得不断地改变自己的不足，而不要让别人讨厌自己；总得不断地改变自己对他人的看法，学会发现他人的长处，学会与人和睦相处才行。为官者也必须从这两个方面调整自己，才会有良好的人我关系，才行得通。

一三八、"往者不可谏":抛开;
"来者犹可追":恶补

楚狂接舆歌而过孔子曰:"凤兮凤兮!何德之衰?往者不可谏,来者犹可追。已而,已而!今之从政者殆而!"孔子下,欲与之言。趋而辟之,不得与之言。

——《论语·微子第十八》

【张居正直解】

[接舆]是楚之狂士,昔周之衰,贤人隐遁,接舆盖亦佯狂以避世者也;[殆]字,解作"危"字;[下]是下车;[辟]是躲避。

昔孔子周流至于楚地,楚之狂人接舆者,口中唱歌而行过孔子之车前说:"凤兮,凤兮,何德之衰?说凤凰是灵鸟,能审时知世,有道则见,无道则隐,所以为稀有之祥瑞。如今是什么时候,乃出现于世,是何其德之衰而不知自重耶!然既往之事，虽不可谏止，从今以后，尚可以改图，趁此之际，可以止而隐去矣。我观今之出仕而从政者，非惟不能建功，且将至于取祸，亦岌岌乎危殆而难保矣，于此不止，安得谓之智乎？”

接舆之意，盖以凤鸟比孔子，而讥其不能全身以远害也，然以避世为高，而不以救时为急，则其趋向之偏甚矣。孔子时在车中闻其歌词，知其为贤人，故下车来欲与之讲明君臣之大义，出处之微权。而接舆自以为是，不肯接谈，遂趋走避匿，孔子竟不得与之言焉。盖圣人抱拯溺亨屯之具，而又上畏天命，下悲人穷，是以周流列国，虽不一遇，而其心终不能一日忘天下也。彼接舆之徒，果于忘世，往而不返，何足以语此哉？

【编者按】

张居正所译楚狂人未必确切。欲救国救世者，当自审其时其势与其力。能隐于世而忘权势自须有一种大智大勇。而接舆所歌“往者不可谏，来者犹可追”，自可从中读出一种失去早发机会后起者应持有的一种人生态度。

一三九、人不可与鸟兽同群，
虽逢无道怎可避世

　　长沮、桀溺耦而耕，孔子过之，使子路问津焉。长沮曰："夫执舆者为谁？"子路曰："为孔丘。"曰："是鲁孔丘与？"曰："是也。"曰："是知津矣。"问于桀溺。桀溺曰："子为谁？"曰："为仲由。"曰："是鲁孔丘之徒与？"对曰："然。"曰："滔滔者天下皆是也，而谁以易之？且而与其从辟人之士也，岂若从辟世之士哉？"耰而不辍。

——《论语·微子第十八》

【张居正直解】

　　〔长沮、桀溺〕都是人姓名，盖亦贤而隐者也，二人相并为耦；〔津〕是河边渡口；〔执舆〕是执辔在车。

昔孔子自楚反蔡，子路御车而行。适遇隐士二人。一个叫作长沮，一个叫作桀溺。两人并耕于野。孔子经过其地，将欲渡河，不知渡口所在，因使子路下车而问于长沮。长沮问说："那坐在车上执辔的是谁？"子路对他说："是孔丘。"长沮素知孔子之名，因问说："是鲁国之孔丘与？"子路对说："是也。"长沮遂拒之说："问者不知，知者不问。既是鲁之孔丘，他游遍天下，无一处而不到，于津渡所在，必已知之久矣，又何必问于我哉？"其意盖讥孔子周流而不止也。

　　[滔滔] 是流而不及之意；[易] 是变易；于此不合，去而之他国，叫作 [辟人之士]；高蹈远举，与世相违，叫作 [辟世之士]；[耰] 是田器，所以扒土覆种者；[辍] 是止。

　　子路问津于长沮，长沮不肯告。因又问于桀溺，桀溺问说："你是谁？"子路说："我是仲由。"桀溺素闻孔子弟子有仲由者，因问说："是鲁国孔丘之徒欤？"子路对说："然。"桀溺遂责之说："人贵识时，我看如今的世道，愈趋愈下，如流水滔滔，不可复反。举一世而皆然，其乱极矣！若要易乱为治，易危就安，将谁与转移之乎？今汝之师，今日之齐，明日之楚，不合于此，又求合于彼，是乃辟人之士，亦徒劳而已。你与其从着那辟人之士，奔走而无成，岂若从我辟世之士，离尘远俗，优游而自乐哉？"语毕，遂自治其田事，耕而不止，亦不告以津处。其拒之也深矣！

【编者按】

　　儒学本治世、入世、救世之哲学，所以为刘汉以降的统治者视为官学也是必然。

一四〇、君子尊贤而荣众，嘉善而怜无能

子夏之门人问交于子张。子张曰："子夏云何？"对曰："子夏曰：'可者与之，其不可者拒之。'"子张曰："异乎吾所闻：君子尊贤而容众，嘉善而矜不能。我之大贤与，于人何所不容？我之不贤与，人将拒我，如之何其拒人也？"

——《论语·子张第十九》

【张居正直解】

［拒］是拒绝；［矜］是怜悯。

昔子夏、子张都是圣门高弟，而两人规模不同。子夏笃信谨守，子张才高意广，故其所见亦各有异。一日子夏的门人问交友之道于子张。子张说："你师子夏如何说？"门人对说："我师子夏说道：凡人直谅多闻，有益于我的，方可与他相

283

交。若那便辟柔佞，无益于我的人，却宜拒绝之，不可与他相交。"子夏之论交如此。

子张说："子夏此言与我平日所闻全然不同。吾闻君子之人，心存大同，而与物无忤。于人之才德出众者，则从而尊敬之。至于庸常的众人亦含容而不遽厌弃。于人之有善而可取者，则从而嘉尚之。至于一无所能的人，亦矜怜而不忍斥绝。可者固在所与，而不可者亦无所拒，君子之交当如此也。且反己而观之，我果大贤与？则与人何所不容？固自不宜拒人；我若不贤与？则人将拒我，而我何暇于拒人也？子夏之言，何其示人之不广乎。"要之，子夏之论严择交之道矣，而乏待物之宏。子张之论，得待物之宏矣，而非择交之道。惟夫以主善为师之心辨贤否，以含宏光大之度待天下，则自无迫狭与泛滥之弊矣。此非但取友，亦用人者所当知也。

【编者按】

子夏之道可以奉行于平民；子张之道当由居官者奉行。平民乃一己之身；官者乃是一种社会公职，必有兼容之心方可为政。

284

一四一、君子不论小技

子夏曰："虽小道，必有可观者焉；致远恐泥，是以君子不为也。"

——《论语·子张第十九》

【张居正直解】

〔小道〕如农圃医卜之属；〔泥〕是窒塞不通的意思。

子夏说："理无往而不在，故虽日用事为之常，百工技艺之末这等的小术亦皆道之所寓，以之济民生而资世用，未必无可观者焉。然其体之所包涵者浅，用之所利济者微，就一事一物而用之可也。若要推而极之，以达于天下国家之远，则必有窒碍而难通者矣，是以君子之人，以天下国家为己责，而所志者远，以修齐治平为己事，而所务者大，于此区区之小道，自有所不屑为也，学者可不知所用心也哉？"

盖道虽不遗于细微，而学贵知所当务，故孔子不以多能为圣，尧、舜不以百亩为忧。用心于大，自不暇及于其小耳！有志于帝王之大经、大法者，宜审图也。"

【编者按】

千里之行舍芒鞋而借舟船车马，非芒鞋无用而难以致远；万丈高楼不弃泥瓦细沙，非泥沙足贵而无积微则难以成其大。为官者自当大处落墨小处着眼，胜似假、大、空。而凡有高远志向者则当珍惜生命时间的投资方向。唯时间是生命最为短缺的，犹如资本于投资者。切忌不值得的"机会"损失，你投入甲项，它就占有了你，同时你就失去了开发乙项的机会。

一四二、君子日与新知，月无旧忘

子夏曰："日知其所亡，月无忘其所能，可谓好学也已矣。"

——《论语·子张第十九》

【张居正直解】

［亡］字与有无的"无"字同；［所亡］是未知的道理；［所能］是已得的道理。

子夏说："人之为学，未得则患其有因循之心，而不知所以求之。既得则患其有遗忘之病，而不知所以守之。虽曰为学，不过入耳出口，玩时愒日而已。安得谓之好学乎？必须于每日之间，将那未知的道埋，今日讲求一件，明日讲求一件，务使所知所闻者与日而俱进焉。然又恐其久而遗忘也，必于每月之间将这已得了的道理，时加温习，随事体验，尊其所闻，行其所知，拳拳服膺而弗失之焉，似这等用功，方是真能好学

287

的人。"盖能知其所无，则既有知新之益，无忘其所能，则又加温故之功，日积月累，无时间断。非真知义理之可悦，而以远大自期者能如是乎？所以说，可谓好学也已矣。人能如是，则所知日进于高明，所行日就于光大，而为圣为贤不难矣，可不勉哉！

【编者按】

人因不知而求学，求得新知与日俱忘，是无异于在浪费生命。最好的方法是记笔记，写札记心得，既巩固记忆，又加深理解，推进思考。一以贯之自成学者。

一四三、"君子学以致其道"

子夏曰:"百工居肆以成其事,君子学以致其道。"

——《论语·子张第十九》

【张居正直解】

〔肆〕是工匠造作的公所;〔致〕是造到极处的意思。

子夏说:"天下事居之必有定所,然后术业可专,为之必有成法,然后功效可集。彼百工匠作的人,要成就他一件手艺,必须住在那官府造作的处所,无别样事务相妨,尽力尽巧,用以专攻其事,然后成得那一般技艺。如梓匠则成其建屋之事,轮舆则成其造车之事,所以说百工居肆以成其事。

君子之学道也,就如百工学艺的一般,必须终日修习,只在这学问上,志向更无分夺,工夫更无休歇,有一件道理未知,必孜孜然求以知之,有一件道理未行,必孜孜然求以行之,务使万理皆明,万善皆备,而道之具于我者,无不有以诣其极焉。此方是君子真实学道之全功也。"若徒慕为学之名，是外夺于纷华之诱，或作或辍，有始无终。纵然从事于学，毕竟何所成就哉？是反百工之不如矣。

【编者按】

天下事无不成于专，入专业方得专艺，专其必理可成其专家。做事不难，成事不难，难在不得其专心致志。人当熟记卖油翁与学弈之教科，日熟其手，心不旁骛，何可不成？此自是百工精熟之道。而君子求学之道与百工学艺的道理是一样的。

一四四、君子知错必改，小人文过饰非

子夏曰："小人之过也必文。"

——《论语·子张第十九》

【张居正直解】

［文］是文饰。

子夏说："人之处事，安能一一尽善？也有一时防检少疏，不觉差错了的，这叫作过。惟能知其过而速改之，则固可复于无过，此君子修德迁善之事也。若夫小人之有过也则不然，分明意向差了，却仍多方回护，求以掩其差。分明举动错了，却仍巧计弥缝，求以掩其错。"盖其心中全是私欲蒙蔽，护短自是，不肯认错，反将无心差失都做了有心罪恶，所谓耻过作非，心劳而日拙也。小人所以徇欲忘返，卒至于败德亡身者，皆由于此，可不戒哉！

【编者按】

文过饰非，人皆有如此心。人人都有自尊。有过错，自己说，自己认，不掩饰，人非不耻而敬之。遮遮掩掩诿过于人，必招非议。而知错不改，小错亦可成大错。

一四五、君子"三变"风度：俨、温、厉

子夏曰："君子有三变：望之俨然，即之也温，听其言也厉。"

——《论语·子张第十九》

【张居正直解】

〔俨然〕是庄严的模样；〔即〕是就；〔温〕是和；〔厉〕是刚正。

子夏说："君子盛德积中，而发见当可其容貌词气。夫人得于接见之顷者，有三样变态，不可以一端尽也。远而望之，则见其衣冠正，瞻视尊，俨然有威之可畏焉，俨然如此，若示人以不可近矣。及近而就之，则又见其温良乐易，蔼然和气之可亲也，其温如此，若可得而狎之矣。及听其言论，则又词严义正，是是非非，确有定执，初无一毫委曲迁就之意，听之使人悚然而可敬也。"始而俨然，中而温焉，既而厉焉，一接见

之间而容貌词气屡变而不可测如此，所以说君子有三变。然君子岂有意而为之者哉？盖其德备中和，动容正辞，无非盛德所发，而人之得于瞻仰听闻，见其变动不拘若此耳，君子何心哉？

【编者按】

正人君子因有严、温、厉三变之态，令人生畏、亲、敬之心。但这不是装出来，任何一种风度，都是一个人内心的道德修养，人格品位，学养教养的外在表现自然流泻而已。

一四六、君子见信于人方可劳民谏君

子夏曰：“君子信而后劳其民，未信则以为厉己也；信而后谏，未信则以为谤己也。”

——《论语·子张第十九》

【张居正直解】

〔厉〕字解作“病”字。

子夏说：“君子事上使下，皆必诚意交孚而后其事可行。如劳民动众之事，本非民所乐为者，必其平日爱民之意至诚恻怛，民已相信了，然后不得已而至于劳民，则民亦谅其心之出于不得已，而踊跃以趋事矣。若未信于民而遽劳之，事虽当为而人心不悦，不以为伤财，则以为虐下而病己矣，事何由而成乎？谏诤违拂之言，本非君所乐听者，必其平日爱君之意，至诚恳切，君已见信了，然后不得已而形之谏诤，则君亦谅其心之出于忠爱，而虚心以听纳矣。若未信于上，而遽谏之，则意

295

虽效忠，而上心不悦，不以为讪上，则以为卖直而谤己矣，言何从而入乎？"此可见君子欲有为于天下，非积诚以感动之，未有能济者也。

然此特就事君使民者言之耳。若夫下之事上，趋事赴功，乃其常分，君之于臣，听言纳谏，乃为至明，上下各务自尽可也。

【编者按】

君子为官者须上得上司信任，下得下属爱戴。方能达到对上有所言，信之而无猜；对民有所使，从之而无怨。上和下睦，是居官成功的根本，方能说话有人听，做事有人帮，自无所难。

一四七、君子操守：大节不失，"小德出入可也"

子夏曰："大德不逾闲，小德出入可也。"

——《论语·子张第十九》

【张居正直解】

［大德、小德］譬如说大节、小节；［闲］是栏，所以限其出入者。

子夏说："人之为学，贵识其大，若能于立身行己大关节处，如君臣父子之间，进退出处之际，一一皆尽其道，而不越乎规矩之外，则大本立矣。至于小小节目，如动静语默，事物细微，或少有出入，未尽合理亦无害也。若不务先立乎其大，而徒拘拘为小廉曲谨之行，亦奚足贵哉？"

然不矜细行，终累大德，大者固所当谨，而小者亦岂可不慎哉？子夏此言，用以观人则可，用以律己则不可也。

【编者按】

　　君子之亦非圣人，但所行必不越大格，虽小德有所出入，亦必不因小失大，小节亦有小之操守。

一四八、君子之道从洒扫应对中来

子游曰："子夏之门人小子，当洒扫、应对、进退，则可矣。抑末也，本之则无。如之何？"子夏闻之曰："噫！言游过矣！君子之道，孰先传焉？孰后倦焉？譬诸草木，区以别矣。君子之道，焉可诬也？有始有卒者，其惟圣人乎！"

——《论语·子张第十九》

❖

【张居正直解】

〔洒扫、应对、进退〕都是小学之事；〔噫〕是叹息之声；〔倦〕是厌倦；〔区〕是类；〔诬〕是罔；〔卒〕字，解作"终"字。

昔子夏以笃实为学，故教人先从下学用功。子游不知其意而讥之说："道有本有末，人之学道不可徒事其末而忘其本。

今子夏之门人小子观其洒扫、应对、进退之间，其威仪习熟，容节周详，则信乎其可矣。然特小学之事，道之一节而已，律之以根本之学，如《大学》诚意、正心之事，则全未有得，如之何其可哉！"

子夏闻其言而叹之说："言游以我之门人务末而遗本，恰似我不肯把至道传他一般，此言差矣。盖君子以大公无我之心，而施之为曲成不遗之教，何尝有意说某一样道理是浅近的，可以为先而传之；某一样道理是高深的，可以为后而倦教，定要立这等次第。但以学者所造，其分量自有浅深，譬诸草木之有大小一般，其区类判然有别，不得不分个先后，各因其材而施之耳。若不量其造诣之浅深，工夫之生熟，概以高远的道理教他，则是语之以所不能知，导之以所不能行，徒为诬之而已，焉有君子教人而可以诬罔后学如此也？若夫自洒扫、应对，以至于诚意、正心，彻首彻尾，本末一贯，全不假进修次序，这惟是聪明睿智天纵的圣人，生知安行之能事也。今此门人小子岂能便到得圣人地位，安得不先教以小学乎？子游讥我失教，其言信为过矣。"

盖道有定体，教有成法，古人八岁入小学，十五而后入大学，其次第自应如此。宋儒程子说，自洒、扫应对上，便可到圣人事，然非穷理之至，精义入神，何以知圣人事从洒扫、应对中来？有志于成始成终之学者，不可无深造之功焉。

【编者按】

此段为子游与子夏辩教学之道。子游主张教人应先本后末为序；子夏则主张因材施教，从小事教起，因为他们都是初学者。但君子人格似自当从小事养成，日积月累方成其君子。

一四九、子贡为什么说"君子恶居下流"

子贡曰："纣之不善，不如是之甚也。是以君子恶居下流，天下之恶皆归焉。"

——《论语·子张第十九》

【张居正直解】

［下流］是地形卑下，为众流所归的去处。

子贡说："古今言荒淫暴虐，一切不善之事，皆以商纣为称首，其实纣之不善，亦不至如是之甚也。只因他是个无道之君，恶名彰著，古今言人之为恶者，皆举而归之于纣，譬如地势洼下的去处，众水都流在里面的一般，盖其自处然也。是以君子常自警省，不肯一置其身于下流不善之地。"

盖一自处于不善，则人遂从而指名之，凡天下不好的事都归于其身，不是他做的事，也说是他做的了。故纣以一时之凶德，而被千载之恶名，遗臭无穷，终莫能洗，岂非万世之明戒

302

哉？古语云：从善如登，从恶如崩。甚言上达之难，而下流之易也。自修者诚能朝乾夕惕，不以小善为无益而不为，不以小恶为无伤而不去，则日进于高明，而尧、舜亦可几及也。

【编者按】

九河下稍，众水汇之。子贡所言，防身至理。人一旦有了恶名，人们便会把所有的恶都加到你的身上去；人有善德美名，确有失处，人都为之开脱。人向高处走肯定不湿鞋，一旦入水流低处，便会被污水淹死。

一五〇、君子之过"如日月之蚀"

子贡曰："君子之过也，如日月之食焉；过也，人皆见之，更也，人皆仰之。"

——《论语·子张第十九》

【张居正直解】

［更］字解作"改"字。

子贡说："过者人之所不能无，故虽以君子之人，防检少疏，也有一时差错，但常人有过惟恐人知，所以遂成其过。君子有过即自认说，这是我差错了，明白昭示于人，绝无一毫遮饰，譬如日月之食一般，一分一秒人皆得而见之，不可得而掩也。既自认以为过差，随即就改了，复于无过。譬如日月亏而复圆，光明皎洁，人皆翕然仰之，不可得而议也。"

盖日月以贞明为体，故虽暂食而无损于明，君子以迁善为心，故因有过而益新其德，若小人之遂非文过，只见其日流于卑暗而已，安望其能自新也哉？然过而使人见，更而使人仰，此其修德于昭昭者耳。若夫幽独之中，隐微之际，遏绝妄念，培养善端，此则君子慎独之功，修之于人所不见者也。欲立身于无过之地者，宜于此加谨焉。

【编者按】

为官便是一等公众人物，自有万夫所瞩，一德一失、一举一动、一言一行都难于掩人耳目，尤其当于"仇官"时代，为官者自当时时慎独便为大智了。

君子因名望之高，有如日月当空，一旦发生日蚀、月蚀之过错，人人可见无可掩饰；当你把过失的云雾改掉，人们也会马上看到，仍旧仰视其光明。

一五一、君子一言见智愚，不可不慎言

陈子禽谓子贡曰："子为恭也，仲尼岂贤于子乎？"子贡曰："君子一言以为知，一言以为不知，言不可不慎也。夫子之不可及也，犹天之不可阶而升也。"

——《论语·子张第十九》

【张居正直解】

［陈子禽］即陈亢；［恭］是推逊的意思；［阶］是梯。

昔陈子禽虽学于孔子，而莫能窥其道之高大。一日乃谓子贡说："师不必贤于弟子，今汝推尊仲尼，极其恭敬，岂以仲尼之贤有过于子乎？"

子贡以其轻于议圣，因斥其失言之非说："言语之发，不可不谨，一句言论说的是，人便以为智；一句言语说的不是，人便以为不智。智与不智，但系于一言之微。如此，可不谨乎哉？今汝谓仲尼不贤于我，其失言甚矣。知者固如是乎？盖人有可及不可及，若吾夫子圣由天纵，道冠群伦，人虽欲企而及之，而化不可为，有非思勉之可至。殆如天之高高在上，所可仰者轻清之象而已，岂有阶梯之具可攀跻而上升者乎？知登天之难，则知希圣之不易矣。子乃以我为贤，真日囿于天之中而不知其高者也，何其惑之甚哉！"

【编者按】

　　子贡为人弟子忠诚，足令天下人景仰而为模为范、为典为型。虽时人屡毁师誉己，而子贡非但无一分僭越自得之心，且无私无畏为师弘扬仁风，光大圣德。曾以小家之墙与宫墙之高下穷富自比，又以丘陵与日月之比赞师超凡；此处又赞老师高明如天，不可阶梯而上。而且又以如此严峻的态度对待恭维自己的人要慎言。真可入天下弟子门之无双谱。称得上君子之大者。而"言不可不慎"，足为世人之诫。

　　这个陈亢（字子禽）者，大概是孔门中第一败类弟子，从未见其有一言学问之语，而专喜偷窥孔子门墙，又拨弄师徒是非。子贡开始以智与不智来"文骂"于他，后来便以其不知天高地厚来"武骂"于他。惜孔门弟子中尚有如陈亢此等下贱卑琐之徒，世人之心可想而知。

一五二、不知"命、礼、言"，
"无以为君子"

子曰："不知命，无以为君子也。不知礼，无以立也。不知言，无以知人也。"

——《论语·尧曰第二十》

【张居正直解】

孔子说："君子修身处世，其道固不止一端，然其要只在于天人物我之理，见得分明而已。盖人之有生，吉凶祸福，皆有一定之命。必知命，乃能安分循理而为君子也。若不知命，则见害必避，见利必趋，行险侥幸，将无所不为，而陷于小人之归矣，此何以为君子乎？此命之不可不知也；礼为持身之具，故必知礼，乃能检摄威仪而有以自立。若不知礼，则进退周旋，茫无准则，耳目手足惶惑失措，欲德性坚定，而卓然自立难矣。此礼之不可不知也；人心之动，因言以宣。故必知其

308

言之美恶，斯人品之高下，可概而知也。若不知言，则众言淆乱，漫无折衷，得失无由而分，邪正无由而辨，人不可得而知之矣，此言之不可不知也。知此三者，则天人物我之理洞察无遗，而君子修身之道备矣。"

按：《大学》一书，首先致知，《中庸》一书，要在明善，而《论语》一书则以三知终焉。诚以天下之理必知之明，而后能行之至，尧、舜、禹相授受，其大指亦不过曰惟精惟一而已。有志于圣道者，可不以讲学明理为急务哉？

【编者按】

张居正所言甚是。修身处世之道千端万端，无非分得明"天人物我"之理。

天人之间，无非一个"命"字。所谓"命"无非是一种必然，一种不可改变。那么可改变的只有你自己。人太自大了，太自视高明，太胆大妄为，多收取的是悲剧命运。当官的同样，必知什么可为，什么不可为，而不敢、亦不可为所欲为、胡作非为。民视即天视，民听即天听，民心即天心，当官的要处理好两个"天人"关系：一是人与自然规律的关系；一是与老百姓与下属的关系。这两重"天"都是不可违逆的。这两条便决定你政治命运。

物我之间，无非一个"和"字。天、地、人三者之间，人是最渺小的；天地所生万物之中，人又是最灵动，最具破坏力的。《圣经》上讲创世纪对人类的惩罚并非只是神话寓言。为官者的"物我关系",还当有对外物的占有与被占有,支配与被支配的关系。人不能成为物的奴役,你占有了,便同时被占有;你成天去支配物,便被物所支配了。所以古人有"物役"之言。子细思量着,此间是非学问大大多多。

不挑战"必然",不为不可为,知足知止便是"知命";懂得庄己修德敬人敬物敬事敬业,便是"知礼";明白自己该怎样讲话,能辨清他人所言的是非与言外之意,便是"知言"。知己言之得失,知人言之邪正。孔子所谓"三知",无非天道、人理、自心。一部《论语》,二十章,四百八十节(张居正所分),做人、做事、做官之理齐备,虽古今有异,毕竟天理、人性,古今如一,君子者、为官者自当择其善者而从之,拣其要者而为之,自可有所补益。

孔子论君子的言论不止于《论语》之中。中国习称有德之人为"道德君子",而君子之德无非要比常人之德更高一筹。仁义礼智诚信为君子之德大要;温良恭俭让为君子之风概;礼义廉耻忠节勇烈为君子大操守;学养教养涵养修养而文质彬彬为君子之风度。愿国人皆成君子之人,不成君子也成正人,不成正人至少成其为人。人总该有人的人格才行,才会活得有尊严。但愿国人能以人的形象成为"地上的美与庄严"。